CÔTES DE CHERBOURG
CÔTES DE BREST
OUEST
PYRÉNÉES ORIENT.
PYRÉNÉES OCCID.
ITALIE
NORD
SAMBRE ET MEUSE
ARDENNES
MOSELLE
RHIN
ALPES
LIBERTÉ
ÉGALITÉ
AN III
AUX ARMÉES
FRANÇAISES
VICTORIEUSES
DES PUISSANCES
COALISÉES.

EXPLOITS

DES

FRANÇAIS,

depuis le 22 Fructidor an I. jusqu'au 15 Pluviose an III.

de la République française.

8 Septembre 1793. ———— 3 Fevrier 1795.

PAR

LE CITOYEN CARNOT,

MEMBRE DU DIRECTOIRE EXÉCUTIF.

À BÂLE,

chez J. DECKER Libraire.

1796.

DE L'IMPRIMERIE DE GUILLAUME HAAS FILS.

RAPPORT

FAIT À LA CONVENTION NATIONALE,

AU NOM DU COMITÉ DE SALUT PUBLIC,

PAR

CARNOT,

l'un de ses Membres;

le 14 Ventose l'an troisième de la République française une et indivisible.

....

Imprimé par ordre de la Convention nationale.

....

CITOYENS,

Dès l'ouverture de la campagne dernière le comité de salut public conçut le projet de recueillir et mettre en ordre les matériaux nécessaires pour en écrire l'histoire. Il forma pour cet objet, dans une partie du local qu'il occupe, un établissement particulier, sous le nom de *Cabinet topographique et historique*. Dans cet établissement se trouvent des rédacteurs et des dessinateurs. Les uns s'occupent à analyser et classer les extraits de la correspondance des généraux et des représentans du peuple; les autres exécutent les plans et cartes relatifs aux actions, positions et mouvemens de nos armées.

sont ces matériaux qui, rassemblés et comparés, serviront à former un jour un corps suivi de l'histoire militaire de la révolution.

Quelle entreprise pourrait nous inspirer un plus vif intérêt, que le récit de ces événemens mémorables qui ont fixé le sort de la République triomphante? Avec quelle avidité les enfans de nos braves défenseurs ne parcourront-ils pas ces annales de la gloire de leurs pères! Quel feu sublime ne développera pas dans ces jeunes cœurs le souvenir des traits héroïques auxquels leurs noms seront attachés! Quelle leçon de courage et de dévouement ne puiseront-ils pas dans de si nombreux et de si touchans exemples!

Les guerres que les rois se sont faites, ont été décrites, et presque toutes ces histoires sont des monumens emphatiques de flatterie et d'imposture; il faut que celle des héros qui ont fondé la liberté de leur patrie au prix de leur sang, le soit d'une manière digne de son objet, c'est-à-dire, avec une vérité scrupuleuse, avec cette énergique simplicité, cette philosophie animée, qui seules peuvent peindre les élans d'un caractère généreux, et d'un courage indomptable.

Toutes les vieilles routines, tous les préjugés militaires ont été frondés dans le cours de cette guerre. Il sera beau de voir, dans les fastes de la République, comment des recrues mal armées, sans habitude des exercices militaires, sans autre discipline que la confiance, souvent dénuées d'habillement et de subsistances, ont arrêté ce débordement de légions réunies contre elles de toutes les contrées de l'Europe; comment de bons cultivateurs, qui ne demandaient qu'amour et simplesse, forcés de combattre pour la défense de leurs foyers, menés par des chefs choisis parmi eux, chantant tous ensemble des hymnes à la liberté, ont vaincu et dispersé ces cohortes silencieuses et tacticiennes, conduites par les *nobles* coriphées de la science militaire.

La postérité répétera avec admiration les noms de ces hommes modestes qui, nés dans une classe autrefois dédaignée, ont surpassé tout d'un coup les *Turenne* et les *Luxembourg*; elle verra avec attendrissement et avec orgueil, que cette courte période de la campagne dernière ait fourni à l'histoire plus de traits particuliers de bravoure, plus de faits d'un héroïsme pur et sans ostentation, que toutes les guerres réunies des peuples les plus belliqueux, les Grecs et les Romains.

Sans doute la France aura aussi ses *Tacite*, pour acquitter la patrie reconnaissante envers ceux qui ont si bien mérité d'elle : votre comité de salut public a voulu leur préparer des matériaux ; et c'est l'objet du travail qui s'exécute sous ses yeux au *Cabinet topographique et historique*.

En attendant, et pour satisfaire la juste impatience des citoyens attachés à la gloire de leur patrie, le comité a fait dresser le tableau chronologique des principales victoires ou actions qui ont rempli cette immortelle campagne. C'est une espèce de précis ou table générale, commençant à la bataille d'*Honscoote* et finissant à la prise de *Roses*.

Voici le résumé général de ce Tableau.

Vingt - sept victoires, dont huit en batailles rangées.

Cent vingt combats de moindre importance.

Quatre - vingt mille ennemis tués.

Quatre - vingt onze mille faits prisonniers.

Cent seize places fortes ou villes importantes, dont trente - six après siège ou blocus.

Deux cent trente forts ou redoutes.
Trois mille huit cents bouches à feu.
Soixante - dix mille fusils.
Dix - neuf cents milliers de poudre.
Quatre - vingt - dix drapeaux.

Quoique l'intervalle de la bataille d'*Honscoote* à la prise de *Roses* soit de dix - sept mois, nous le regardons comme une seule campagne, parce que, par une singularité qui n'est pas la moins remarquable de cette époque extraordinaire, les troupes ont été pendant tout ce temps dans une activité continue ; que presque nulle part elles n'ont pris de quartier d'hiver, et que c'est pendant l'hiver même, l'un des plus rigoureux dont on se souvienne, que les plus belles expéditions ont été faites.

Votre comité m'a chargé de vous présenter ce tableau, et de vous proposer d'ordonner qu'il demeure affiché dans le lieu de vos séances ; il a pensé qu'il ne pouvait se trouver une occasion plus favorable, que celle où va s'ouvrir une nouvelle campagne, qui sans doute ne sera pas moins belle que la précédente ; car les armées françaises ne dégénéreront point de leur gloire.

Votre comité vous demande aussi l'impression en livret de ce même tableau, et l'envoi aux armées, aux corps administratifs et aux municipalités.

C'est un tribut de reconnaissance que la Convention nationale s'empressera de donner à nos braves défenseurs.

Le comite de salut public vous propose ce projet de décret :

ART. I. LE TABLEAU de la campagne des Français, depuis le 8 septembre 1793 jusqu'au 15 pluviose de l'an 3 de la République, présenté le 14 ventose, présent mois, par le comité de salut public, demeurera affiché dans le lieu des séances de la Convention nationale.

II. Le même tableau imprimé en livret sera distribué aux représentans du peuple, envoyé aux armées, aux corps administratifs et aux municipalités.

Le projet de décret est adopté.

CAMPAGNE
DES
FRANÇAIS,

depuis le 22 Fructidor an I.er jusqu'au 15 Pluviose
de l'an III. de la République française,
8 *Septembre* 1793. — 3 *Février* 1795.

ARMÉES		Fruct. an I. Sept. 1793.
NORD	**HONSCOOTE ou HONDTSCHOOTE.** *HOUCHARD, Général en chef.* Bataille d'Honscoote, gagnée par seize mille Républicains, contre dix-huit mille hommes de troupes coalisées. Six mille ennemis tant tués que blessés.	22. 8.
ARDENNES	**HASTIR ou HASTIÈRES, près Givet.** *LOISON, Commandant.* Enlévement des postes d'Hastières; perte considérable des ennemis.	22. 8.
ITALIE	**BROUIS, et autres Postes aux environs de Sospello.** *DUMERBION, Général en chef.* Déroute complète des Piémontais repoussés des postes de Brouis, Hutel et Lévenzo. Deux mille ennemis tués.	22. 8.

ARMÉES		Fruct. an I. 23. — 9 Sept. 1793.
NORD	**DUNKERQUE et BERGUES.** *HOUCHARD, Général en chef.* Fuite précipitée du duc d'York; retraite de quarante mille Anglais, Hessois et coalisés, forcés par suite de la bataille d'Honscoote, de lever le blocus de Dunkerque et de Bergues. Prise de cinquante-deux canons et de trois cents milliers de poudre.	23. 9.
ALPES	**PLAINE D'AIGUEBELLES** **en Maurienne.** *LEDOYEN, Commandant.* Avantage des Républicains dans la plaine d'Aiguebelles; déroute des Piémontais devant des forces inférieures. Quarante ennemis tués.	25. 11.
RHIN	**DAHNBRUCK, BLEISWEILER, NIDERRORBACH, BARBEL-ROTH, et Forêt de BIENVALD.** *LANDREMONT, Commandant en chef.* Expulsion de l'ennemi attaqué sur tous les points, de ses postes au Dahnbruck et dans la forêt de Bienvald près Lauterbourg; les émigrés campés	26. 12.

ARMÉES		Fruct. an I. Sept. 1793.
	près Barbelroth et Bleisweiller, mis en déroute, sont poursuivis jusqu'à Niderhorbach. Deux batteries emportées, un obusier et trois canons encloués, une pièce de vingt-cinq démontée, toute une compagnie d'artillerie prisonnière, ēt cent chevaux tués.	
NORD	**WERWICK et COMINES.** *HÉDOUVILLE,* *BERU,* *MACDONALD,* } *Commandans.* Combat à Werwick et Comines; prise de quarante-huit canons. Deux mille ennemis prisonniers.	27. 13.
ALPES	**ÉPIERRE et BELLEVILLE** **en Maurienne.** *LEDOYEN, Commandant.* Expulsion de l'ennemi des hauteurs de Belleville; prise de la redoute et des retranchemens d'Épierre. Grand nombre d'ennemis tués, dix-neuf prisonniers.	27. 13. et et 28. 14.

ARMÉES		Fruct. an I. Sept. 1793.
R H I N	**NOTHWEILLER, et BUNDENTHAL.** *LANDREMONT, Général en chef.* Enlèvement à la baïonnette du camp retranché de Nothweiller, l'ennemi est poursuivi jusqu'au de-là de Bundenthal. Prise de deux canons et de quinze cents fusils.	28. 14.
O U E S T	**MONTAIGU.** *CANCLAUX, Général en chef.* Victoire remportée par les Républicains, près de Montaigu.	30. 16.
PYRÉNÉES OCCID.	**URDACH, en Espagne.** *MULLER, Commandant en chef.* Avantage sur les Espagnols à Urdach, dans la Vallée de Bastan. Grand nombre d'ennemis tués.	30. 16.
PYRÉNÉES ORIENT.	**VERNET et PÉYRES-TORTES.** *DAOUST, Général en chef.* Reprise du poste de Vernet et de six pièces de canon, par quinze cents Français. Bataille à Péyres-Tortes, gagnée par sept mille cinq cents Français sur quatorze mille Espagnols.	Complém. I. 17.

ARMÉES		Complém. I. Sept. 1793.
	Déroute complète de l'ennemi ; prise de son camp, de vingt-six canons, quatre obusiers, et de quantité d'or et d'argent. Neuf cents ennemis tués, douze cents blessés, seize cents prisonniers.	
PYRÉNÉES ORIENT.	**STERRY, près le Port de Paillas.** *SAHUGUET, Commandant.* Prise de vive force de Sterry par les Républicains, de trente mille cartouches et de beaucoup d'effets de campement.	2. 18.
Idem	**VILLEFRANCHE, PRADES.** *GILLY,* *DAVID,* } *Commandans,* Prise de Villefranche, et du camp de Prades, de deux pièces de canon et d'une grande quantité de tentes.	5. 2L.
Idem	**ESCALO, LABORSY.** *SAHUGUET, Commandant.* Prise de ces deux postes sur les Espagnols, dont beaucoup de tués et prisonniers.	5. 2L.

ARMÉES		Vend. an 2. / Sept. 1793.
ALPES	**CHATILLON.** *VERDELIN, Commandant.* Enlèvement de vive force des retranchemens de Châtillon, sur les Piémontais, mis en déroute et forcés de repasser la rivière de Giffe. Grand nombre d'ennemis tués.	4. 25.
Idem	**GORGES DE SALLANCHE,** **près Cluses.** *VERDELIN, Commandant.* Défaite de l'ennemi dans les gorges de Sallanche ; prise de la redoute Saint-Martin et de dix canons. Grand nombre d'ennemis tués, cent vingt-un prisonniers.	7. 28.
Idem	**MONT-CORMET.** *CHAMBERLHAC, Commandant.* Enlèvement de vive force des retranchemens du Mont-Cormet par cinq cents Républicains, qui repoussent mille Piémontais retranchés dans ce poste avec du canon. Nombre d'ennemis tués et blessés.	9. 30.

ARMÉES		Vend. an 2.	Oct. 1793.
ALPES	**VAL-MENYER.** *PRIST, Commandant.* Enlèvement à la baïonnette du poste de Val-Menyer ; prise de deux canons, de beaucoup de tentes, équipages et munitions. Soixante ennemis tués, quatre-vingts prisonniers.	II.	2.
Idem	**BEAUFORT.** *SAINT-ANDRÉ,* *CHAMBERLHAC,* } *Commandans.* Enlèvement de vive force du poste de Beaufort.	II.	2.
Idem	**MOUTIERS et BOURG SAINT-MAURICE.** *KELLERMANN, Général en chef.* Prise de Moutiers et du Bourg Saint-Maurice ; expulsion de l'ennemi du territoire du Mont-Blanc.	II.	2.
Idem	**COL DE LA MADELAINE,** au - dessous de Saint - Jean - de- Maurienne. *LEDOYEN, Commandant.* Enlèvement de vive force du poste important du Col de la Madelaine. Grand nombre d'ennemis tués, douze faits prisonniers.	II.	2.

ARMÉES		Vend. an 2.	Oct. 1793.
PYRÉNÉES ORIENT.	**LE BOULON et ARGÉLÈS,** près Collioure. *DELÂTRE, Commandant.* Enlèvement des camps Espagnols du Boulon et Argélès ; prise d'un canon, de deux mortiers et de quantité de munitions.	12.	3.
Idem	**CAMPREDON.** *DAGOBERT, Commandant.* Prise de Campredon, fuite des Espagnols, évasion des habitans.	13.	4.
Idem	Près de **VILLELONGUE.** *DELÂTRE, Commandant.* Combat entre la garnison de Collioure et la cavalerie espagnole ; déroute des ennemis. Grand nombre de tués, trente-six prisonniers.	13.	4.
PYRÉNÉES OCCID.	**ARRAN, VALLÉE D'AURE.** *LASALLE, MASCARON, DAT,* } *Commandans.* Enlèvement des postes d'Arran et de la vallée d'Aure, après une attaque sur trois colonnes. Retraite de l'ennemi.	13.	4.

ARMÉES		Vend_an 2. Oct. 1793.
MOSELLE	**BITCHE et RORBACH.** *DELAUNAY, Commandant.* Combat et retraite précipitée des coalisés qui s'étaient portés sur Bitche et Rorbach, avec douze mille hommes et quatorze pièces de canon. Cinquante ennemis tués.	24. 15.
Idem	**SARGUEMINES.** *DELAUNAY, Commandant.* Combat près de Sarguemines, l'ennemi repoussé avec perte de trente hommes, et un obusier démonté.	25. 16.
NORD	**WATTIGNIES, près Maubeuge.** *JOURDAN, Général en chef.* Bataille de Wattignies, gagnée sur les Autrichiens après deux jours de combat et trois charges à la baïonnette ; levée du blocus de Maubeuge. Six mille Autrichiens tués.	25. 16. & & 26. 17.
ITALIE	**GILLETTE.** *DUGOMMIER, Général en chef.* Avantage de six cents Républicains, qui se battent pendant dix heures sans	27. 18.

ARMÉES		Vend. an 2. Oct. 1793.
	artillerie, et repoussent quatre mille Autrichiens, Croates et Piémontais, soutenus par six pièces de canon. Grand nombre d'ennemis tués, quatre-vingt-huit prisonniers.	
ITALIE	**GILLETTE.** *DUGOMMIER, Général en chef.* Victoire complète sur les Piémontais à Gillette, enlèvement de redoutes à la baïonnette, prise de deux canons.	28. 19.
PYRÉNÉES OCCID.	**URRUGUE, près S^t.-Jean-de-Luz.** *JACOB-ROUCHET, Commandant.* Déroute de trois colonnes espagnoles, après une fusillade de cinq heures. Perte considérable de l'ennemi	30. 21.
Idem	**VALLÉE DE BAIGORY.** *DUBOUQUET, Général-Commandant.* Avantages sur les Espagnols dans la vallée de Baigory. Cent cinquante ennemis tués, onze prisonniers.	Brumaire. 1. 22.

ARMÉES		Brum. an 2 Oct. 1793
NORD	**WARNETON, COMINES, WERWICK.** *SOUHAM, Commandant.* Enlèvement des postes de Warneton, Comines, Werwick, Roncq, Alluin, Menin, Furnes, et Poperingues. Prise de sept canons, quarante ennemis tués, cinq cents prisonniers.	1. 22.
ITALIE	**UTEL ou HUTEL.** *DUGOMMIER, Général en chef.* Défaite à Utel de cinq mille ennemis, par neuf cents Républicains, après onze heures de combat.	1. 22.
RHIN	**BREITENSTEIN.** *BURCY, Commandant.* Attaque du poste de Breitenstein par les Autrichiens, l'ennemi repoussé avec une perte considérable.	2. 23.
PYRÉNÉES ORIENT.	**En avant de VILLELONGUE.** *SOULETRAC,* *MEYNARD,* } *Commandans.* Reprise à la baïonnette d'une batterie ennemie en avant de Villelongue. Cent ennemis tués, trente-deux prisonniers.	9. 30.

ARMÉES		Brum. an 2.	Nov. 1793.
OUEST	**GRANDVILLE.** . . . . *Commandant.* Défaite des rebelles de la Vendée sous les murs de Grandville.	24.	14.
RHIN	**Près STRASBOURG.** *PICHEGRU, Général en chef.* Surprise et enlèvement de trois postes ennemis.	26.	16.
MOSELLE	**BITCHE.** *BARBA, Commandant.* Défaite de quatre mille Prussiens devant Bitche, grand nombre de tués. Cent cinquante prisonniers.	27.	17.
Idem	**LÉBACH.** *AMBERT, Commandant.* Déroute complète des Autrichiens près Lébach, grand nombre de fantassins et cent trente cavaliers faits prisonniers, cent chevaux pris.	27.	17.
Idem	**BISING, BLIES-CASTEL.** *HOCHE, Général en chef.* Prise de Bising et Blies-Castel, après un combat; sept cents ennemis tués.	27.	17.

ARMÉES		Brum. an 2. Nov. 1793.
R H I N	**NEUVILLER.** *PICHEGRU, Général en chef.* Enlèvement de vive force du poste de Neuviller et de quatre autres environnans.	28. 18.
Idem	**WANTZENAU.** *PICHEGRU, Général en chef.* Prise d'une forte redoute et de sept pièces de canon près de Wantzenau.	28. 18.
Idem	Environs de **BOUXWEILLER.** *BURCY, Commandant.* Enlèvement de deux redoutes formidables près de Bouxweiller.	29. 19.
Idem	**BOUXWEILLER, BRUMPT, HAGUENAU.** *PICHEGRU, Général en chef.* Combats successifs et enlèvement de tous ces postes par les Français ; déroute de l'ennemi.	Frimaire 1. 21. au au 3. 23.

ARMÉES		Frim. an 2. Nov.1793.	Décemb.
ITALIE	**CASTEL-GENESTE, BREC, FIGARETTO.** *MASSENA, Commandant.* Défaite de huit cents Piémontais par cinq cents Français à Castel-Geneste et à Brec, après deux combats successifs. Prise de Figaretto et de trois cents tentes; grand nombre d'ennemis tués, soixante prisonniers.	4. 24.	
NORD	**HOUTEM, WERWICK.** *SOUHAM, Commandant.* Attaque de tous les postes ennemis, sur la Lys; cent cinquante ennemis tués, cent quarante prisonniers.	10. 30.	
RHIN	**LANDGRABEN, GAMBSHEIM.** *DESAIX, Commandant.* Enlèvement de la redoute du pont du Landgraben et des retranchemens de Gambsheim; perte considérable de l'ennemi.		11. 1.
ARDENNES	**Entre FALMAGNE et FALMIGNOULE, près Givet.** *ROSTOLANT, Adjudant-général-commandant.* Vigoureuse sortie de la garnison de		12. 2.

ARMÉES		Frim. an 2. Dec. 1793.
	Givet, qui tue beaucoup d'ennemis et ne perd que cinq à six hommes, entre Falmagne et Falmignoulé.	
RHIN	**Près du BOIS DE GAMBSHEIM.** *DIETTMANN,* *DESAIX,* } *Commandans.* *COMBÉS,* Combat ; l'ennemi repoussé perd soixante hommes tués, on lui prend cinquante chevaux.	12. 2.
Idem	**OFFENDORFF, DRUZENHEIM.** *PICHEGRU, Général en chef.* Expulsion de l'ennemi du village d'Offendorff, il est poursuivi jusqu'à Druzenheim.	1 4.4.
Idem	**DAWENDORFF,** **entre Bouxweiller et Haguenau.** *PICHEGRU, Général en chef.* *LATOURNERIE, Capitaine commandant la vingtième compagnie d'artillerie volante.* Prise des hauteurs de Dawendorff, après une action très-vive.	19. 9.

		Frim. an 2. Dec. 1793.
OUEST.	**LE MANS.** *MARCEAU, Commandant.* Victoire remportée sur les rebelles, près et dans la ville de Mans.	22.12
PYRÉNÉES OCCID.	**près SAINT-JEAN-DE-LUZ.** *MULLER, Général en chef.* Déroute des Espagnols, forcés de repasser la Bidassoa, après une perte considérable.	23.13.
MOSELLE.	**DAHNBRUCK et LEMBACH.** *BONNEAU,* *GRANGERET,* } *Généraux-commandans.* *TAPONNIER,* Enlèvement de vive force, par trois différentes divisions de l'armée, des hauteurs de Marsal, du Dahnbruck et de Lembach.	25.15.
ITALIE.	**PROMONTOIRE de L'AIGUIL-LETTE près TOULON.** *DUGOMMIER, Général en chef.* Enlèvement de vive force des retranchemens et redoutes qui défendaient Toulon. Prise de treize piéces de canon.	25.15.

ARMÉES		Frim. an 2. Dec. 1793.
ITALIE	**TOULON.** *DUGOMMIER, Général en chef.* Prise de Toulon ; fuite précipitée des Anglais et des Espagnols. Douze cents ennemis tués.	26. 16.
ARDENNES	**BOIS de JAMAIQUE,** près Philippeville. *HARDI, Commandant.* Combat près le bois de Jamaique, entre une partie de la garnison de Givet et les Autrichiens. L'ennemi repoussé avec perte.	27. 17.
PYRÉNÉES ORIENT.	Hauteurs près **VILLELONGUE.** *DOPPET, Commandant.* Enlèvement à la baïonnette, par deux mille cinq cents Français, des hauteurs près Villelongue. Prise de seize canons, de deux obusiers, d'un mortier ; le reste des canons encloués ; cinq cents ennemis tués, cent prisonniers.	29. 19.

ARMÉES		Niv. an 2. Dec. 1793.
RHIN et MOSELLE réunies	**WÖRDT, REISHOFFEN et GUNDERSHOFFEN.** *HOCHE, Général en chef.* Défaite de l'ennemi à Wördt, enlèvement à la baïonnette de plusieurs redoutes. Prise de seize canons, et de vingt-quatre caissons; trois cents ennemis tués ou blessés, cinq cents prisonniers.	2. 22.
Idem	**BISCHWEILLER, DRUZEN-HEIM, HAGUENAU.** *PICHEGRU, Général.* Enlèvement de tous les retranchemens de Bischweiller, Druzenheim et Haguenau. Prise de plusieurs canons et caissons, et de quantité de munitions. Mille prisonniers.	3. 23.
Idem	**OBERSEEBACH.** *HOCHE, Général en chef.* Déroute de l'ennemi, chargé jusqu'à six fois; grand nombre de morts et de blessés.	5. 2

ARMÉES		Niv. an 2 Dec. 1793
RHIN et MOSELLE réunies	**GEISBERG.** *VERNET, Commandant septuagénaire.* Prise du château de Geisberg, et de deux pièces de canon.	5. 25.
Idem	**LIGNES de la LAUTER et WEISSEMBOURG.** *HOCHE, Général en chef.* Évacuation forcée des lignes de la Lauter, de Weissembourg, et levée du blocus de Landau par l'ennemi.	5. 25. et et 6. 26.
RHIN	**GERMERSHEIM et SPIRE.** *HOCHE, Général en chef.* Enlèvement des postes de Germersheim et Spire, prise de magasins considérables de vivres et de fourrages.	7. 27.
RHIN et MOSELLE réunies	**Entre GERMERSHEIM et FRANKENTHAL.** *HOCHE, Général en chef.* Poursuite de l'ennemi et combats multipliés entre l'avant-garde française et l'arrière-garde ennemie. Cent vingt ennemis tués, soixante prisonniers.	Janv. 1794. 14. 3.

ARMÉES		Niv. an 2. Janv. 1794.
NOIR- MOUTIER	**NOIRMOUTIER.** *HAXO, Commandant.* Prise sur les rebelles de l'île de Noirmoutier, de cinquante pièces d'artillerie et de huit cents fusils.	14. 3.
RHIN et MOSELLE réunies	**WORMS.** *HOCHE, Général en chef.* Prise de Worms, après la retraite forcée des ennemis.	17. 6.
PYRÉNÉES OCCID.	**MONTAGNE DE LOUIS XIV,** près Ispeguy. *LAROCHE, Général de Brigade,* *Commandant.* Surprise et enlèvement de vive force du poste de la Montagne de Louis XIV. par quatre cents Républicains ; destruction de tous les ouvrages espagnols.	23. 12.
RHIN et MOSELLE réunies	**FORT-VAUBAN.** *HOCHE, Général en chef.* Les ennemis font une sortie du Fort-Vauban. Combat opiniâtre. Ils sont repoussés avec perte de deux pièces de canon et de quarante prisonniers.	27. 16.

ARMÉES		Niv. an 2. Janv.1794.
RHIN	**FORT - VAUBAN.** *HOCHE, Général.* Évacuation totale du département du Bas Rhin, par les coalisés. Réprise du Fort - Vauban.	29. 18.
PYRÉNÉES OCCID.	**COL d'HARRIETTE,** près d'Ispeguy, *LEFRANC, Chef de Brigade, Commandant.* Enlèvement à la baïonnette, par deux cents Français, de la redoute d'Harriette, près Ispeguy. Huit ennemis tués, quarante-sept prisonniers.	Pluviose 2. 21.
Idem	**URRUGUE, et St-JEAN-de-LUZ, ou CHAUVIN-DRAGON.** *MULLER, Général en chef. FRÉGEVILLE, Commandant.* Déroute de quinze mille Espagnols à Urrugue et Chauvin-Dragon, par cinq mille Républicains. Douze cents ennemis [illegible].	Fevrier 17. 6.

ARMÉES		Pluv. an 2.	Fevr. 1794.
PYRÉNÉES OCCID.	**SARE et BERRA.** *DUPRAT, Commandant.* Déroute complète des Espagnols à Sare et Berra.	17.	5.
RHIN	**OGGERSHEIM.** *DESAIX, Commandant.* Enlèvement de vive force du poste d'Oggersheim par les Français. Prise d'une grande quantité de vivres et de fourrages. Cent quatre ennemis faits prisonniers.	Ventose 1.	19.
ARDENNES	**SOUMOY, CERFFONTAINE,** près Philippeville. *HARDY,* *ROSTOLLANT,* } *Commandans.* Combat près Soumoy et Cerffontaine, défaite de l'ennemi. Quarante Autrichiens tués, quatre-vingts blessés.	Mars 16.	6.
MOSELLE	**HAUTEURS ET FORGES DE JÆGERTHAL.** *TAPONIER, Commandant.* Défaite de trois bataillons Autrichiens sur les hauteurs des Forges de Jægerthal. Prise de deux drapeaux.	18.	8.

ARMÉES		
		Germinal. Mars 1794.
MOSELLE	**APACH au Nord de SIERCK.** *LEFEVRE, Commandant.* Avantage contre les Prussiens qui attaquent les avant postes d'Apach. L'ennemi repoussé avec perte.	5. 25.
		Avril
PYRÉNÉES OCCID.	**SAINT-MICHEL, à 2 lieues de SAINT-JEAN-DE-LUZ** *MAUCO,* *ENCHOPS,* } *Commandans.* Enlèvement de vive force du retranchement d'Ozoné près Saint-Michel; fuite des Espagnols.	14. 3.
Idem	**ANDAYE,** *FRÉGEVILLE, Commandant.* Défaite des Espagnols près Andaye; nombre d'ennemis tués et blessés.	17. 6.
ITALIE	**FOUGASSE.** *BIZANNET, Commandant.* Enlèvement, par six cents Français, après huit heures de combat, du camp de Fougasse, occupé par deux mille Piémontais et Autrichiens.	17. 6.

ARMÉES		Germ. an 2. Avr. 1794.
ITALIE	**BREGLIO**, dans le comté de Nice. *MACQUART, Commandant.* Enlèvement de tous les postes aux environs de Breglio. Prise d'un canon, d'un fusil de rempart et de quantité de munitions.	18. 7.
Idem	**ONEILLE.** *MOURET, Commandant.* Prise d'Oneille, de treize bouches à feu et de six cents fusils.	19. 8.
PYRÉNÉES ORIENT.	**MONTEILLA et URGEL.** *DAGOBERT, Commandant.* Défaite des Espagnols à Monteilla. Prise d'Urgel et de sept pièces de canon. Grand nombre de prisonniers.	21. 10.
ARDENNES	**Entre VILLIERS et FLORENNE,** à une lieue Nord-Est de **PHILIPPEVILLE** ou **VEDETTE RÉPUBLICAINE.** *CHARBONNEL, Général commandant.* Avantage signalé remporté par un faible détachement sorti de Philippeville.	21. 10.

ARMÉES		Germ. an 2. Avr. 1794.
	(ou Vedette Républicaine), qui chasse l'ennemi du bois situé entre Villiers et Florenne, et le met en déroute, après lui avoir tué soixante dix hommes et fait plusieurs prisonniers.	
MOSELLE	**Hauteurs de TIFERDANGE.** *DABONVAL, Commandant.* Combat d'une compagnie du premier bataillon du Haut Rhin, et de quatre-vingts chasseurs Républicains, contre soixante hussards de Wurmser, et quatre cents paysans armés. Les hussards mis en fuite ; les paysans taillés en pièces.	26. 15.
Idem	**Hauteurs de MERTZIG.** *VINCENT, Commandant.* Occupation des hauteurs de Mertzig, après avoir repoussé l'ennemi.	27. 16.
ITALIE	**PONTE DI NEVA,** sur le **TANARO.** *MASSENA, Commandant.* Défaite de quinze cents Autrichiens à Ponte di Neva ; cent ennemis tués.	27. 16.

ARMÉES		Germ. an 2 Avr. 1794
ITALIE	**ORMÉA dans le Comté de CÉVA.** *MASSENA, Commandant.* Prise d'Orméa, de douze canons, quarante barils de poudre, et de trois mille fusils. Quatre cents ennemis prisonniers.	28. 17.
MOSELLE	**ARLON.** *JOURDAN, Général en chef.* Bataille gagnée, prise d'Arlon. Déroute complète de l'ennemi. Vingt-deux canons, trois caissons.	29. 18.
ARDENNES	**AUSSOY, près de PHILIPPE-VILLE.** *CHARBONNIÉ, Général-commandant.* Déroute complète de l'ennemi, après un combat de douze heures aux environs d'Aussoy. Deux cents Autrichiens tués.	3 Floréal 3. 22.
RHIN	**Près de KÜRWEILLER.** *MICHAUD, Général en chef.* Victoire remportée après un combat opiniâtre.	4. 23.

ARMÉES		
	Le champ de bataille resté aux Français ; huit cents ennemis tant tués que blessés.	
ALPES	**MONTS VALAISAN et SAINT-BERNARD, Poste de LA THUILE.** *BAGDELONE, Commandant.* Enlèvement de vive force de toutes les redoutes des monts Valaisan et Saint-Bernard, et du poste de la Thuile. Prise de vingt bouches à feu, deux cents fusils, quatorze espingoles, et quantité d'obusiers. Cent ennemis tués, deux cents prisonniers.	5. 24.
PYRÉNÉES OCCID.	**ARNÉGUY, IRAMÉNACA ou IRAMÉACA.** *HARISPE, Commandant.* Déroute des Espagnols et des émigrés repoussés des postes d'Arnéguy et d'Iraménsa. Quatre-vingts ennemis tués, dix-sept faits prisonniers, au Rocher d'Arnéguy.	7. 26.

ARMÉES	Hauteurs de BOSSU, BEAUMONT.	Flor. an 2. Avr. 1794.
	CHARBONNIÉ, } *Généraux-* *DESJARDINS,* } *Commandans.*	
ARDENNES	Victoire remportée après quatre heures d'une résistance opiniâtre. Enlèvement de vive force des hauteurs de Bossu ; perte considérable de l'ennemi ; entrée et réunion des armées des Ardennes et du Nord dans Beaumont.	7. 26.
	C O U R T R A Y. *PICHEGRU, Général en chef.* *DAENDELS, Commandant.*	
NORD	Prise de Courtray après une bataille générale sur toute la ligne, depuis Dunkerque jusqu'à Givet ; prise de trois pièces de canon et de plusieurs magasins.	7. 26.
	ROCHER D'ARROLA. *HARISPE, Commandant.*	
PYRÉNÉES OCCID.	Enlèvement de vive force du poste du Rocher d'Arrola.	7. 26.

ARMÉES		Flor. an 2. Avr. 1794.
PYRÉNÉES OCCID.	**CRÊTE DE ROQUELUCHE.** *MAUCO, Commandant.* Déroute de quatre mille hommes d'infanterie et de dix escadrons de cavalerie espagnole, repoussés à la baïonnette. Perte considérable de l'ennemi.	7. 26.
PYRÉNÉES ORIENT.	**OMS et PONT DE CÉRET.** *DUGOMMIER, Général en chef.* Expulsion de dix mille ennemis du village d'Oms, par trois mille républicains. Enlèvement des Gorges et du Pont de Céret.	8. 27. et et 10. 29.
NORD	**MONT-CASSEL.** *SOUHAM, Commandant.* Victoire à Mont-Castel, sur vingt mille Autrichiens. Prise de trente-deux canons et de deux drapeaux; quatre mille ennemis tués.	10. 29.

ARMÉES		Flor. an 2. Avr. 1794.
NORD	**MENIN.** *MOREAU,* *VANDAMME,* } *Commandans.* Prise de Menin et d'une grande quantité d'artillerie. Quinze cents ennemis tués.	10. 29.
ITALIE	**SAORGIO.** *MASSENA,* *MACQUART,* } *Commandans.* Victoire sur les Piémontais. Prise de Saorgio, de l'artillerie ennemie, et de quantité de munitions.	10. 29.
PYRÉNÉES ORIENT.	**LES ALBÈRDES, REDOUTE DE MONTESQUIEU.** *DUGOMMIER, Général en chef.* Bataille gagnée sur les Espagnols aux Albèrdes. Enlèvement de la fameuse redoute de Montesquieu. Prise de deux cents pièces de canon ; grand nombre d'ennemis tués ; deux mille prisonniers.	11. 30. et et 12. 1. Mai

ARMÉES		Flor. an 2. / Mai 1794.
RHIN	**LAMBSHEIM et FRANKENTHAL.** *MICHAUD, Général en chef.* Prise de Lambsheim et de Frankenthal par les Français ; les portes de cette dernière ville sont enfoncées à coups de canon.	12. 1.
PYRÉNÉES ORIENT.	**CAP BÉARN, COLLIOURE, et PUYS-DE-LAS-DAINES.** *DUGOMMIER,* *MICAS,* *GUILLOT,* *LEPELLETIER,* } *Généraux Commandans.* Occupation par les Français des hauteurs du Cap Béarn et du Puys-de-las-Daines, où six mille hommes arrivent à travers les plus nombreux obstacles. Commencement du siége de Collioure.	15. 4.
ALPES	**FORT MIRABOUCK, POSTES DE VILLENEUVE DES PRATS.** *LAIRE, Commandant.* Prise du Fort Mirabouck, après quatorze heures d'attaque. Enlèvement des Postes de Villeneuve des Prats.	20. 9.

ARMÉES		Flor. an 2. Mai 1794.
ALPES	**REDOUTE DE MAUPERTUIS.** *LAIRE, Commandant.* Prise de la redoute de Maupertuis ; retraite précipitée de quatorze cents Piémontais à l'approche de six cents Français.	20. 9.
ARDENNES	**THUIN.** *MARCEAU, Commandant.* Prise de Thuin par les Français après un combat opiniâtre. Enlèvement à la baïonnette, de tous les retranchemens autrichiens.	21. 10.
NORD	**Devant TOURNAI, devant COURTRAY et INGEL-MUNSTER.** *SOUHAM,* *DAENDELS,* } *Commandans.* Défaite des ennemis devant Tournai ; prise de onze pièces de canon ; douze cents hommes tués. Combat de sept heures devant Courtray ; déroute complète de l'ennemi ; prise de plusieurs canons et caissons ; cent cinquante prisonniers. Déroute de l'ennemi à Ingelmunster ; grand nombre de tués ; prise de quatre canons.	21. 10. 22. 11. 23. 12.

CAMP DE MERBES.

DESJARDINS, Général de division, Commandant.

Enlèvement de tous les ouvrages du camp de Merbes, d'où l'ennemi est forcé de se retirer sous le canon de Grandreng.

L'armée commandée par Desjardins, charge sous le feu des batteries ennemies, en criant *vive la République!*

Au passage de la Sambre (le 23), les grenadiers du 49. régiment, ci-devant Vintimille, s'élancent à l'eau pour soutenir les tirailleurs.

Ce 49. régiment met en déroute la légion de Bourbon (le 24.)

Le 68. régiment, ci-devant Beauce, soutient seul, sur un pont, l'attaque des Autrichiens de beaucoup supérieurs, quoiqu'en butte à l'artillerie, et conserve son poste.

GRANDRENG, à trois lieues Nord-Ouest de Beaumont.

DESJARDINS, Général de division, Commandant.

Idem

Combat opiniâtre; prise et reprise trois fois, du village de Grandreng.

ARMÉES		Flor. an 2. Mai 1794.
ALPES	**MONT-CÉNIS.** *DUMAS,* *BAGDELONE,* } *Commandans.* Enlèvement de vive force, des redoutes des Rivets, de la Ramasse, et autres postes sur le Mont-Cénis. Fuite précipitée des Piémontais poursuivis à plus de trois lieues. Prise de leurs artillerie, équipages et munitions. Grand nombre d'ennemis tués; neuf cents prisonniers.	Nuit du 24. au 25. 13.
PYRÉNÉES ORIENT.	**COLLIOURE.** *DUGOMMIER, Général en chef.* Sortie de la garnison de Collioure; trois mille Espagnols repoussés avec perte; grand nombre de prisonniers. Le Général en chef des Français, blessé dans cette action.	27. 16.
NORD	**MOESCROEN ou MOUCRON.** *THIERRY, Commandant.* Défaite de l'ennemi à Moucron; enlèvement à la baïonnette, de ses retranchemens. Prise de quatre canons; quatre cents prisonniers.	29. 18.

ARMÉES		Flor. an 2.	Mai 1794.
N O R D	**Entre MENIN et COURTRAY.** *S O U H A M, Commandant.* Bataille gagnée sur les coalisés, entre Menin et Courtray. Fuite précipitée du duc d'York. Prise de soixante-cinq pièces de canon. Grand nombre d'ennemis tués.	29.	18.
ARDENNES	**BOUILLON vers CURFOZ.** *D U F O U R, Commandant du bataillon de F^{ir}.* Glorieuse résistance de quinze cents Français qui s'opposent à la marche de quatorze mille Autrichiens vers Curfoz. Valeur signalée de cent cinquante jeunes gens de la première réquisition, qui tiennent en échec toute la droite de l'armée de Beaulieu devant Bouillon.	29.	18.
PYRÉNÉES OCCID.	**GRANDE MÂTURE ROYALE,** *D U P E Y R O N, Chef de bataillon.* Enlèvement de six magasins ennemis, évalués plus d'un million. Rupture des écluses de la Grande Mâture royale. Prise d'une grande quantité de bestiaux.	29.	18.

ARMÉES		Flor. an 2.	Mai 1794.
PYRÉNÉES OCCID.	**POSTE DU ROCHER**, près Berra. *MULLER, Général en chef.* Déroute des Espagnols repoussés à la baïonnette jusqu'à leur camp de Berra, avec une perte considérable.	29.	18.
PYRÉNÉES ORIENT.	Environs de **FIGUIÈRES**. *AUGEREAU, Commandant.* Déroute des Espagnols près de Figuières. Grand nombre d'ennemis tués; trois cents prisonniers.	30.	19.
ARDENNES	**BOUILLON.** *HEYRAND, Commandant.* Belle défense de cent soixante Français renfermés et attaqués par de nombreux ennemis, dans le château de Bouillon.	30.	19.

		Prairial.	
Idem	**LOBBES et HERQUELINNE.** *CHARBONNIÉ,* *DESJARDINS,* } *Commandans.* Défaite de l'ennemi à Lobbes et Herquelinne, après un combat de six heures. Quinze cents hommes tués.	I.	20.

ARMÉES		Prair. an 2. / Mai 1794.
RHIN	**SCHIFFERSTADT.** *MICHAUD, Général en chef.* Bataille de Schifferstadt, gagnée par quinze mille Républicains contre quarante mille Autrichiens. Mille ennemis tués ou blessés. Cent prisonniers. Un général Autrichien tué.	4. 23.
MOSELLE	**NEUF-CHÂTEAU** près **BOUILLON.** *JOURDAN, Général en chef.* Déroute complète de l'avant-garde de Beaulieu. Grand nombre d'ennemis tués. Cent prisonniers.	4. 23.
ARDENNES	**MERBES-LE-CHÂTEAU.** *KLEBER, Commandant.* Victoire à Merbes-le-Château, après une charge générale ; douze cents ennemis tués ; deux cents prisonniers.	5. 24.
MOSELLE	**SAINT-HUBERT.** *JOURDAN, Général en chef.* Enlèvement du poste de St.-Hubert, défendu par deux mille Autrichiens. Fuite de l'ennemi, prise de son camp et de tous ses effets.	6. 25.

ARMÉES		Prair. an 2. Mai 1794.
	DINANT, à quatre lieues de **GIVET.**	
	JOURDAN, Général en chef.	
MOSELLE	Prise des redoutes et de la ville de Dinant.	7. 26.
	Grand nombre d'ennemis tués et blessés.	
	Soixante prisonniers.	
	FORT SAINT-ELNE, PORT-VENDRE et COLLIOURE.	
	DUGOMMIER, Général en chef.	
PYRÉNÉES ORIENT.	Évacuation par l'ennemi, des forts Saint-Elne et Port-Vendre.	7. 26.
	Reprise de Collioure.	
	Sept mille Espagnols mettent bas les armes, et sont faits prisonniers jusqu'à l'échange.	
	Prise de toute l'artillerie ennemie.	
	SAINT-GÉRARD.	
	JOURDAN, Général en chef.	
MOSELLE	Attaque des avant-postes du camp de Saint-Gérard par les républicains.	
	Les coalisés débusqués de la majeure partie de leurs avant-postes.	

ARMÉES		Prair. an 2. Juin 1794.
ARDENNES	**BOIS DE SAINTE - MARIE,** à cinq lieues **D'YVOI - CARIGNAN.** *DEBRUN, Commandant.* Déroute des ennemis près le bois de Sainte-Marie ; deux cents hommes tués.	14. 2.
PYRÉNÉES OCCID.	**COL D'ISPEGUY, LES ALDUDES, BERDARITZ.** *LEFRANC,* *LAVICTOIRE,* } *Commandans.* *HARISPE,* Bataille gagnée sur plusieurs points. Enlèvement à la baïonnette, du camp d'Ispeguy et des redoutes des Aldudes et de Berdaritz. Grand nombre d'ennemis tués. Quatre cent quatre-vingts prisonniers.	15. 3.
PYRÉNÉES ORIENT.	**RIBEN, TOUZEN** *DOPPET, Commandant.* Prise de Touzen et Riben sur les Espagnols forcés à la retraite.	16. 4.

ARMÉES.		Prair. an 2. Juin 1794.
ALPES	**POSTES DES BARRICADES, VALLÉE DE STURE.** *VAUBOIS, Commandant.* Prise du fameux poste des Barricades; communication rétablie entre l'armée des Alpes et celle d'Italie.	17. 5.
PYRÉNÉES ORIENT.	**Au-delà de LA JONQUIERE.** *PÉRIGNON, Commandant.* Défaite de 4000 Espagnols par un petit nombre de Français. Poursuite de l'ennemi au-delà de ses retranchemens; prise de son camp. Investissement de Bellegarde.	19. 7.
Idem	**CAMPREDON.** *DOPPET, Commandant.* Enlèvement de différens postes, et prise de Campredon.	19. 7.
ALPES	**VALLÉE D'AOSTE, ou VAL D'AOUSTE.** *ALMÉYRAS, Commandant.* Déroute de 1600 Piémontais par 200 Français dans la Vallée d'Aoste. Quarante ennemis tués.	23. 11.

ARMÉES		Praír. an 2. Juin 1794.
PYRÉNÉES ORIENT.	**R I P O L L.** *D O P F E T, Commandant.* Prise de vive force, et destruction des Forges de Ripoll.	23.11.
MOSELLE	**SAMBRE, CHARLEROY.** *J O U R D A N, Général en chef.* Passage de la Sambre par l'armée de la Moselle. Investissement de Charleroy. Combat aux avant-postes. L'ennemi par-tout repoussé, laisse beaucoup de prisonniers.	24.12.
MOSELLE, ARDENNES et NORD, réunies sur la SAMBRE	**GOSSELIES près CHARLEROY.** *J O U R D A N, Général en chef.* Action vigoureuse sur plusieurs colonnes qui repoussent tous les avant-postes de Charleroy, et se portent victorieuses jusqu'au-dessus de Gosselies.	24.12.

ARMÉES	Près CHARLEROY.	Prair. an 2. Juin 1794.
	DEVAUX, *BOIS-GÉRARD,* } *Commandans.*	
MOSELLE, ARDENNES et NORD, réunies sur la SAMBRE	Enlèvement et destruction sous le feu du canon ennemi, d'une redoute près Charleroy. La garnison de Charleroy vigoureusement repoussée.	26. 14.
Idem	Près CHARLEROY, à côté de la Chaussée de BRUXELLES. *DEVAUX, Adjudant-Général, Commandant.* Enlèvement de vive force, et en moins de dix minutes, de la redoute près Charleroy, à côté de la chaussée de Bruxelles; le premier bataillon du Bas Rhin repousse vigoureusement une sortie de la garnison de Charleroy.	26. 14.
Idem	TRASEGNIES. *JOURDAN, Général en chef.* Victoire sur les coalisés, après un combat de douze heures. Prise de sept canons. Six mille ennemis tués. Cinq cents prisonniers.	28. 16.

ARMÉES		Prair. an 2. 29.	Juin 1794. 17.
NORD	**YPRES.** *MOREAU, Commandant.* Prise d'Ypres, après douze jours de tranchée ouverte. La garnison de six mille hommes prisonnière. Prise de cent pièces de canon, vingt-neuf drapeaux, neuf cents chevaux.		
ALPES	**PETIT SAINT - BERNARD.** *BAGDELONNE, Commandant.* Défaite des Piémontais au Petit Saint-Bernard. Cent ennemis tués ; cent prisonniers.	30.	18.
PYRÉNÉES ORIENT.	**CAMPREDON.** *DOPPET, Commandant.* Reprise de Campredon, à la suite d'un combat.	Messidor 1.	19.
Idem	**L'ÉTOILE, BEZALU.** *LEMOINE, Commandant.* Prise des postes de l'Étoile et de Bezalu, de quatre drapeaux, cent trois tentes, quarante barils de poudre, vingt-neuf tonneaux de cartouches et beaucoup d'autres munitions de guerre.	2.	20.

ARMÉES		Mess. an 2. Juin 1794.
PYRÉNÉES OCCID.	**POSTES du ROCHER DOS-D'ÂNE, et CROIX DES BOUQUETS.** *FRÉGEVILLE, Commandant.* Bataille de la Croix des Bouquets, et enlèvement des postes du Rocher Dos-d'âne. Déroute complète d'onze mille Espagnols ; huit cents ennemis tués ou blessés ; quarante prisonniers.	5. 23.
NORD, ARDENNES MOSELLE	**CHARLEROY.** *JOURDAN, Général en chef.* Prise de Charleroy rendu à discrétion ; trois mille hommes de garnison prisonniers ; cinquante pièces de canon.	7. 25.
Idem.	**FLEURUS.** *JOURDAN, Général en chef.* Victoire mémorable de Fleurus, remportée après dix-huit heures de combat, par soixante-dix mille républicains contre cent mille hommes des armées coalisées. Fuite de l'ennemi avec perte de dix mille hommes tués.	8. 26.

ARMÉES		Mess. an 2. Juin 1794.
PYRÉNÉES ORIENT.	**BELVER.** *CHARLET, Commandant.* Prise de Belver et déroute complète des Espagnols; mille ennemis tués ou blessés; trois cents prisonniers.	8. Mess. an 2. 26. Juin 1794.
SAMBRE et MEUSE	**LERNES, MARCHIENNES, MONCEAU et SOUVRET.** *KLEBER, BERNARDOT, PONCET, DAURIER,* } *Commandans.* Avantage considérable remporté sur l'ennemi aux postes de Lernes, Marchiennes, Monceau et Souvret. Fuite et perte considérable de l'ennemi.	8. 26.
Idem	**RŒULX, MONT-PALISEL, BOIS D'HAVRÉ.** *KLEBER, Commandant.* Enlèvement des redoutes et du camp de Rœulx, des postes du Mont-Palisel et du Bois d'Havré. Prise de deux canons.	Juillet 13. 1.
NORD, SAMBRE et MEUSE	**MONS.** *KLEBER, Commandant.* Prise de Mons; déroute de l'ennemi; prise de vingt mille quintaux de grains.	13. 1.

ARMÉES		Mess. an 2. Juill. 1794.
	SENEFF, NIVELLES vers **GEMBLOURS.** *OLIVIER, MARCEAU,* } *Commandans.*	
SAMBRE et **MEUSE**	Expulsion de l'ennemi de Seneff. L'armée de Beaulieu est vigoureusement repoussée d'auprès de Gemblours.	13. I.
	OSTENDE. *MOREAU,* *Commandant.*	
NORD	Prise d'Ostende et de quantité de vaisseaux ennemis.	13. I.
	TOURNAI. *PICHEGRU, Commandant.*	
Idem	Entrée des Français dans Tournai. Prise de vingt pièces de canon et de beaucoup de munitions.	14. 2.
	FREIBACH, HAMBACH, HOCHSTETT. *MICHAUD, Général en chef.*	
RHIN	Enlèvement de vive force de plusieurs avant-postes et retranchemens ennemis.	14. 2.

ARMÉES		Mess. an 2. Juill. 1794.
ITALIE	**LOANO et PIÉTRA** sur les côtes de Gênes. *DUMERBION, Général en chef.* Déroute de quatre mille Piémontais par la garnison de Loano; leur expulsion de Piétra.	15. 3.
NORD	**OUDENARDE et GAND.** *PICHEGRU, Général en chef.* Prise d'Oudenarde et de Gand; vingt-quatre pièces de canon, dix mille boulets, trois cent mille rations de fourrages, quatorze bateaux chargés de munitions.	17. 5.
SAMBRE et MEUSE	**VATERLOO.** *JOURDAN, Général en chef,* *LEFEVRE, Commandant.* Défaite de trente mille ennemis par l'avant-garde de l'armée Française, de quatorze mille hommes.	18. 6.

ARMÉES		Mess. an 2. Juill. 1794.
SAMBRE et MEUSE	**SOMBREF, BOIGNÉE, BALATRE.** *HATRY, Commandant.* Victoire remportée sur les coalisés à Sombref. Quatre mille ennemis tués ; huit cents prisonniers.	18. 6. 19. 7.
Idem	**CHAPELLE SAINT-LAMBERT.** *DUBOIS, Commandant.* Combat très vif à Chapelle Saint-Lambert ; déroute de l'ennemi qui laisse beaucoup de prisonniers.	20. 8.
SAMBRE et MEUSE	**BRUXELLES.** *JOURDAN, Général en chef.* Entrée victorieuse de l'armée de Sambre et Meuse dans Bruxelles. Prise des magasins et des munitions.	22. 10.
PYRÉNÉES OCCID.	**BERDARITZ aux Aldudes.** *MONCEY, Commandant.* Enlèvement de vive force du camp des émigrés, près Berdaritz. Fuite de l'ennemi avec perte de cent hommes tués, grand nombre de blessés, quarante-neuf prisonniers.	22. 10.

ARMÉES		Mess. an 2. Juill. 1794.
R H I N	**FREIBACH, FREIMERSHEIM, PLATZBERG et SAUKOLP.** *MICHAUD, Général en chef.* Bataille gagnée sur toute la ligne ; enlèvement de vive force des postes de Freibach, Freimersheim, et des montagnes de Platzberg et Saukolp. Deux mille quatre cents ennemis tués. Prise de quinze canons.	25. 13.
Idem.	**GORGES D'HOCHSPIRE, SPIRE et NEUSTADT.** *MICHAUD, Général en chef.* Prise des gorges d'Hochspire, et entrée des Français dans Spire et Neustadt. Grand nombre de prisonniers.	26. 14.
I T A L I E	**VERTRAUTE,** village du comté de Tende, sur le seul chemin qui sert de passage par les Alpes, de Tende à Coni. *LEBRUN, Commandant.* Prise de Vertraute par les Français. Cinquante-neuf prisonniers ; cinquante tués ou blessés.	26. 14.

ARMÉES		Mess. an 2. Juill. 1794.
MOSELLE	**TRIPSTADT.** *MOREAU, Commandant.* Enlèvement à la baïonnette, des redoutes et du poste de Tripstadt. Prise de six canons et de deux obusiers.	26. 14.
SAMBRE et MEUSE	**MONTAGNE - DE - FER, LOUVAIN.** *KLEBER, Commandant.* Enlèvement de vive force du poste de la Montagne-de-fer, près Louvain. L'ennemi chassé de Louvain; prise de cette ville après une vigoureuse résistance.	27. 15.
NORD	**MALINES.** *SALME, Commandant.* Prise de Malines après un combat. Les Français font deux cents prisonniers.	27. 15.
SAMBRE et MEUSE	**NAMUR.** *JOURDAN,* *Général en chef.* *HATRY,* *Commandant.* Prise de Namur; retraite forcée de l'ennemi; cinquante - une pièces de canon; quatre cents prisonniers.	28. 16.

ARMÉES		Mess. an 2.	Juill. 1794.
R H I N	**KAYSERSLAUTERN.** *MICHAUD, Général en chef.* Prise de Kayserslautern et d'une quantité considérable de munitions. Fuite précipitée de l'ennemi.	29.	17.
SAMBRE et **MEUSE**	**LANDRECIES.** *SCHÉRER, Commandant.* Reddition de Landrecies après six jours de tranchée. La garnison, forte de quinze cents hommes, prisonnière ; prise de quatre-vingt-douze canons.	29.	17.
NORD	**NIEUPORT.** *MOREAU, Commandant.* Prise de Nieuport après cinq jours de tranchée. Soixante pièces de canon ; deux mille ennemis prisonniers.	30.	18.
SAMBRE et **MEUSE**	**Hauteurs de TIRLEMONT.** *JOURDAN, Général en chef.* Défaite de l'ennemi sur les hauteurs en arrière de Tirlemont. Grand nombre d'ennemis tués ; soixante prisonniers.	1. Thermid.	19.

<table>
<tr><td rowspan="2">ARMÉES</td><td>HUI et SAINT-TRON.
BOYER,
HATRY, } Commandans.

Déroute de l'ennemi à Huí.
Prise de Saint-Tron.</td><td rowspan="2">Therm. an 2.
Juill. 1794.

3. 21.</td></tr>
<tr><td></td></tr>
<tr><td>SAMBRE
et
MEUSE</td></tr>
</table>

PYRÉNÉES OCCID.	**VALLÉE DE BASTAN, FORT MAYA, MONTAGNE DE COMMISSARI, FONTARABIE.** *MONCEY, LABORDE, FRÉGEVILLE,* } *Commandans.* Entrée des Républicains dans la vallée de Bastan. Enlèvement à la baïonnette des retranchemens ennemis ; prise de tous leurs camps, de neuf canons, deux obusiers, dix-huit mille fusils. Bombardement de Fontarabie ; grand nombre d'ennemis tués ; cinq cents prisonniers.	6. 24 7. 25 8. 26 9. 27 10. 28

ARMÉES	ROCCAVION, village du Piémont vers la rive gauche de Gesso, à deux lieues sud - ouest de Coni.	Therm. an 2. Juill. 1794.
	LEBRUN, Commandant.	
ITALIE	Prise de vive force par les Français, du village de Roccavion. Trente-six prisonniers, et vingt tués ou blessés.	8. 26.
SAMBRE et MEUSE	**LIÉGE.** *JOURDAN,* *HATRY,* } *Commandans.* Défaite de tous les avant-postes des ennemis devant Liége ; entrée des Français dans cette ville ; prise d'un canon ; trois cents ennemis prisonniers.	9. 27.
NORD	**ISLE DE CASSANDRIA.** *MOREAU, Commandant.* Prise de Cassandria et de soixante-dix canons. Passage du Cacysche ; retraite de l'ennemi sur Ysendick.	10. 28.

ARMÉES		Therm. an 2. Juill. 1794.
PYRÉNÉES OCCID.	**IRUN, FORT DU FIGUIER, FONTARABIE, REDOUTE SAINT - MARTIAL.** *MONCEY,* *FRÉGEVILLE,* } *Commandans.* *LABORDE,* Conquête de la vallée de Bastan. Enlèvement de toutes les redoutes; prise du fort Figuier, de Fontarabie, de toutes les tentes et munitions; deux cents bouches à feu, sept mille fusils; deux mille prisonniers.	10. 28. 13. 31. 14. 1. Août
Idem	**ERNANI, SAINT-SÉBASTIEN, et le PORT - DU - PASSAGE.** *MONCEY,* *FRÉGEVILLE,* } *Commandans.* *LABORDE,* Enlèvement du poste important d'Ernani, et prise de Saint-Sébastien, de sa citadelle, du Port-du-Passage, de 2000 hommes de troupes de ligne Espagnoles faits prisonniers, de 200 bouches à feu, d'immenses magasins de munitions de guerre et de bouche, et de 30 navires, dont plusieurs chargés de marchandises. Déroute de l'armée ennemie poursuivie par les Français jusques sous les murs de Tolosa.	16. 3

ARMÉES		Therm. an 2. Août 1794.
MOSELLE	**PELINGEN.** *RENAUD,* *DUFOUR,* } *Commandans.* Enlèvement à la baïonnette, des retranchemens et hauteurs de Pelingen. Quatre cents ennemis tant tués que prisonniers.	21. 8.
Idem	Pont de **VASSERBILICH.** *DESBUREAUX,* *AMBERT,* } *Commandans.* Enlèvement de vive force du pont de Vasserbilich. Prise d'un canon; trois cents ennemis tués ou blessés; quatre-vingts prisonniers.	21. 8.
MOSELLE	**TRÈVES.** *MOREAU, Général en chef.* Entrée des Français dans Trèves; prise de trente-six canons, et de vingt-quatre mille cartouches.	22. 9.
PYRÉNÉES OCCID.	**TOLOSA.** *FRÉGEVILLE, Commandant.* Prise de Tolosa à la suite d'un combat; deux cent cinquante ennemis tués, cent cinquante prisonniers.	22. 9.

ARMÉES		Therm: an 2. Août 1794.
PYRÉNÉES OCCID.	**SAINT-ENGRACE, ALLOQUI.** *MARBOT,* *ROBERT,* } *Commandans.* Enlèvement de plusieurs postes espagnols, et de la redoute d'Alloqui ; destruction des retranchemens, et prise des effets de campement ; quatre-vingts ennemis tués, quatorze prisonniers.	26. 13.
PYRÉNÉES ORIENT.	**Sᵀ.-LAURENT DE LA MOUGA.** *DUGOMMIER, Général en chef.* Victoire près Saint-Laurent de la Mouga ; cinquante mille Espagnols mis en fuite ; deux mille cinq cents tués.	26. 13.
Idem	**ROCASEINS.** *SAURET,* *MICAS,* *DESTAING,* } *Commandans.* Défaite à Rocaseins de quinze mille Espagnols par quatre mille Républicains ; grand nombre d'ennemis tués ; prise d'un canon.	26. 13.
SAMBRE et MEUSE	**LE QUESNOY.** *SCHERER, Commandant.* Reprise du Quesnoy rendu à discrétion après vingt jours de tranchée ; cent vingt bouches à feu, munitions de toute espèce ; deux mille huit cents prisonniers.	28. 15.

ARMÉES		Fruct. an 2. Août 1794.
NORD	**FORT L'ÉCLUSE.** *MOREAU, Commandant.* Prise du fort l'Écluse, de cent cinquante-deux bouches à feu, cent milliers de poudre et huit cents fusils. La garnison, composée de deux mille hommes, prisonnière.	9.26.
SAMBRE et MEUSE	**VILLAGE D'ANZAIN,** et Redoutes près Valenciennes. *OSTEN, Commandant.* Enlèvement à la baïonnette, du village d'Anzain, et des postes et redoutes tenant à Valenciennes.	10.27.
Idem	**VALENCIENNES.** *SCHERER, Commandant.* Reprise de Valenciennes; la garnison, de quatre mille cinq cents hommes, prisonnière sur parole. Prise de deux cent vingt-sept canons, de huit cents milliers de poudre, et de magasins de toute espèce.	10.27.
PYRÉNÉES OCCID.	**EIBON.** *GOSSAUNE, Commandant.* Défaite de sept mille Espagnols à Eibon, prise de deux drapeaux.	11.28.

ARMÉES		Fruct. an 2. Août 1794.
PYRÉNÉES OCCID.	**ERMILLA.** *GRAVIER, Commandant.* Déroute des Espagnols poursuivis au pas de charge; prise de deux canons; grand nombre de tués.	11.28.
Idem	**ONDOROA.** *SCHILT, Commandant.* Déroute de quatre mille ennemis; prise de leurs retranchemens, et de onze pièces de canon. Entrée des Français dans Ondoroa.	11.28.
SAMBRE et MEUSE	**CONDÉ.** *SCHERER, Commandant.* Reprise de Condé; seize cents hommes de garnison prisonniers sur parole. Six mille fusils, trois cents milliers de poudre, cent mille boulets, six cents milliers de plomb; munitions pour six mois; prise de cent quatre-vingt-huit bâtimens de commerce.	13.30.
MOSELLE	**SANDWEILLER.** *VINCENT,* *DUZIRAT,* } *Commandans.* Combat très-vif près Sandweiller; l'ennemi débusqué de ses positions; perte considérable des Autrichiens.	Septemb. 16.2.

ARMÉES		Fruct. an 2. 4. Sept. 1794.
PYRÉNÉES OCCID.	**VALLÉE D'ASPE.** *ROBERT, Commandant,* Défaite dans la Vallée d'Aspe, de six mille Espagnols par six cents Français ; grand nombre d'ennemis tués.	18. 4.
Idem	**LESCUN.** *MARBOT,* *GARRIN,* } *Commandans.* Déroute des Espagnols mis en fuite par les avant-postes de Lescun. Cent ennemis tués, trois cents blessés, soixante-quatre prisonniers.	18. 4.
MOSELLE	**Hauteurs de COURTEREN.** *DUZIRAT, Commandant.* Combat en avant de Courteren ; perte considérable des Autrichiens ; cent vingt-un prisonniers faits sur eux.	26. 12.
ALPES.	**VALLÉES** **DE CHÂTEAU-DAUPHIN,** **DE MAIRE, DE STURE,** **CAMPS DE LA CHENAL,** **SAMBUCK et PRATZ** *REINE-GUILLAUME, Commandant.* Enlèvement à la baïonnette, des camps de la Chenal, Sambuck, Pratz, et de divers autres postes.	8. 14.

ARMÉES		
	Prise de deux canons, six cents fusils et beaucoup de munitions. Plus de deux cents ennemis tués, deux cent quatre-vingt-dix prisonniers.	Fruct. an 2. Sept. 1794.
NORD	**BOXTEL.** *PICHEGRU, Général en chef.* Déroute totale de l'ennemi à Boxtel; cinq mille Anglais battus par huit cents Français ; deux bataillons ennemis désarmés par trente hussards. Prise de huit canons; deux mille prisonniers.	30. 16.
PYRÉNÉES ORIENT.	**BELLEGARDE.** *DUGOMMIER, Général en chef.* Reprise de Bellegarde, dernière place Française occupée par l'ennemi. La ville rendue à discrétion, après quatre mois et demi d'investissement. Prise de soixante-dix canons, et de quarante milliers de poudre. Mille hommes de garnison prisonniers.	Sanculotid. 1. 17.
SAMBRE et MEUSE	**MASEICK, LAUFELD, ÉMALE, MONTENACKEN, LLOURT et L'ANWAILLE, SPRIMONT, CAMP DE LA STAR CHARTREUSE.** *JOURDAN, Général en chef.* SCHERER, } Généraux de division et KLEBER, } Commandans. Victoire remportée par toute la ligne	2. 18.

ARMÉES		Sansc. an 2. Sept. 1794.
	de l'armée, depuis Maseick jusqu'à Sprimont; prise de Laufeld, d'Emale et de Montenacken; passage de l'Ourt et de l'Ayvaille; levée du camp de la Chartreuse par l'ennemi; deux mille huit cents des siens tués; mille cinq cents prisonniers; prise de trente-quatre canons, cinq drapeaux, soixante-dix-neuf oaissons.	
SAMBRE et MEUSE	**Hauteurs de CLERMONT.** *CHAMPIONNET,* *LEGRAND,* } *Commandans.* Enlèvement de vive force, des hauteurs de Clermont, après sept attaques successives. Huit cents ennemis tués ou blessés.	4. 20.
ITALIE	**CAIRO entre FINAL et ACQUI.** *DUMERBION, Général en chef.* Victoire du Cairo, remportée sur les Piémontais soutenus par dix mille Autrichiens. Prise de magasins considérables. Mille ennemis tués ou blessés.	4. 20. 5. 21.

ARMÉES		Sar.sé. an 2. Sept. 1794.
PYRÉNÉES ORIENT.	**MONT-ROCH, à trois lieues de Bellegarde.** *AUGEREAU, Commandant.* Déroute des Espagnols au Mont-Roch ; prise de quatre canons. Douze cents ennemis tués ou blessés.	5. 21.
SAMBRE et MEUSE	**BOIS D'AIX-LA-CHAPELLE et DE RECKEM.** *JOURDAN, Général en chef.* Enlèvement de vive force, des postes du bois d'Aix et de Reckem. Mille ennemis tués.	Vendém. an 3. 1. 22.
PYRÉNÉES ORIENT.	**COSTOUGE.** *DUGOMMIER, Général en chef.* Enlèvement de la redoute et du camp de Costouge, ainsi que de tous les effets de campement ; retraite précipitée et perte considérable de l'ennemi.	1. 22. au au 2. 23
Idem	**OLIA et MONTEILLA.** *CHARLET, Commandant.* Défaite des Espagnols à Olia et à Monteilla. Soixante ennemis tués.	5. 26.

ARMÉES		Vend. an 3. Sept. 1794.
NORD	**CREVECŒUR.** *DELMAS, Commandant.* Capitulation de Crevecœur. Prise de vingt-neuf bouches à feu, mille fusils, trente milliers de poudre ; cinq cents prisonniers.	6. 27.
RHIN	**KAISERSLAUTERN, ALSBORN.** *MICHAUD, Général en chef.* Reprise de Kaiserslautern, d'Alsborn et autres postes environnans. Les Prussiens sont forcés à la retraite.	6. 27.
SAMBRE et MEUSE	**ALDENHOFEN.** *JOURDAN, Général en chef.* Bataille d'Aldenhofen ; déroute complète des coalisés. Cinq mille ennemis tant tués que blessés.	Octob. 11. 2.
Idem	**JULIERS.** *JOURDAN, Général en chef.* Reddition de Juliers à discrétion. Huit cents prisonniers ; soixante pièces de canon et un arsenal bien pourvu.	12. 3.

ARMÉES		Vend. an 3. Oct. 1794.
SAMBRE et MEUSE	**COLOGNE.** *JOURDAN, Général en chef.* Reddition de Cologne. Prise d'une grande quantité d'artillerie et d'immenses magasins; fuite précipitée des Autrichiens.	15. 6.
RHIN	**FRANKENTHAL.** *DESAIX, Commandant.* Combat de Frankenthal; prise de cette ville; quatre cents ennemis tués; soixante prisonniers.	17. 8.
Idem	**SCHLODENBACH.** *MICHAUD, Général en chef.* Prise de Schlodenbach et de Volff-stein, après un léger combat; et réunion des armées du Rhin et de la Moselle à Lautereck.	18. 9. 19. 10.
SAMBRE et MEUSE	**PLATEAU DU MONT - SAINT - PIERRE.** *DUHESME, Commandant l'armée chargée de l'investissement de Maestricht.* Reprise de vive force, de deux canons par le 3. régiment de Chasseurs à	19. 10

ARMÉES		Vend. an 3. Oct. 1794.
	cheval, et reprise du château de Mont-Saint-Pierre. Quatre-vingts ennemis tués ou faits prisonniers.	
MOSELLE	**BIRKENFELD, OBERSTEIN, KIRN, TRARBACH, MEISSENHEIM.** *MOREAU*, Général en chef. Marche des Français sur Birkenfeld, Oberstein, Kirn, Trarbach et Meissenheim, où les retranchemens des ennemis sont forcés. Évacuation de tous ces postes par les coalisés.	20. 11.
NORD	**BOIS-LE-DUC.** *DELMAS*, Commandant. Entrée des troupes républicaines dans Bois-le-Duc ; prise de cent quarante-six bouches à feu, cent trente milliers de poudre, neuf mille fusils, six cents cinquante-huit prisonniers.	21. 12.
	OTTERBERG.	

ARMÉES		Vend. an 3. Oct. 1794.
RHIN	**GELLHEIM, GRÜNSTADT, FRANKENTHAL.** *MICHAUD, Général en chef.* Combat et prise de Gellheim et de Grünstadt; et reprise de Frankenthal.	24. 15.
PYRÉNÉES OCCID.	**Entre L'ECUMBERY et VILLA-NOVA.** *MONCEY, Général en chef.* Bataille gagnée sur les Espagnols; prise de la belle mâture d'Iraty, des superbes fonderies d'Eguy et d'Orbaycette, évaluées trente-deux millions. Prise de cinquante canons, deux drapeaux, et de plusieurs magasins. Deux mille cinq cents ennemis tués; deux mille cinq cents prisonniers.	26. 17.
MOSELLE	**KREUTZNACH.** *MOREAU, Général en chef.* Combat et prise de Kreutznach par les Français.	26. 17.

ARMÉES		Vend. an 3 / Oct. 1794.
PYRÉNÉES OCCID.	**BURGUET, ALMANDOS.** *DELABADE, Commandant.* Défaite de sept mille Espagnols près de Burguet et d'Almandos. La majeure partie tuée ; le reste prisonnier.	27. 18.
RHIN	**KIRCHHEIM, WORMS.** *MICHAUD, Général en chef.* Déroute de l'ennemi près de Kirchheim et Worms ; prise de ces deux villes.	27. 18.
NORD	**Environs de NIMÈGUE.** *SOUHAM, Commandant.* Défaite de l'ennemi aux environs de Nimègue ; destruction de la légion de Rohan ; prise d'un drapeau, de quatre canons, six cents prisonniers.	28. 19.
MOSELLE	**BINGEN.** *MOREAU, Général en chef.* Entrée des Français dans Bingen, après avoir chassé les Prussiens des positions importantes qu'ils avaient en avant de la ville.	29. 20.

ARMÉES		Brum. an 3. Oct. 1794.
RHIN	**ALZEY** entre **KREUTZNACH** et **WORMS**, **OPPENHEIM** sur le Rhin. *DESAIX, Général de division, Commandant.* Prise d'Alzey et d'Oppenheim; déroute des ennemis.	1. 22.
SAMBRE et **MEUSE**	**COBLENCE.** *MARCEAU, Commandant.* Prise de Coblence; attaque et enlèvement des retranchemens; fuite de l'ennemi au-delà du Rhin; grand nombre de tués et de prisonniers.	2. 23.
PYRÉNÉES ORIENT.	**BHAGA.** *DEVAUX, Commandant.* Combat dans lequel les Espagnols sont repoussés avec perte considérable jusqu'à Bhaga.	2. 23.
Idem	**DORI, TOZAS, CASTEILLAN.** *CHARLET, GILLT,* } *Commandans.* Enlèvement de vive force des postes de Dori et Tozas, et des sept retranchemens de Casteillan; prise et destruction des magasins; grand nombre d'ennemis tués.	2. 23.

ARMÉES	HULST, AXEL et SAS DE GAND.	Brum. an 3. Oct. 1794.
NORD	**HULST,** **AXEL et SAS DE GAND.** *PICHEGRU, Général en chef.* Prise de Hulst, Axel et Sas de Gand. Garnisons ennemies prisonnières de guerre.	5. 26.
Idem	**VENLO.** *LAURENT, Commandant.* Prise de Venlo attaquée par cinq mille Français et quelques pièces de campagne. La garnison de dix-huit cents hommes prisonnière sur parole. Cent cinquante canons, deux cents milliers de poudre, sept mille fusils.	8. 29.
PYRÉNÉES ORIENT.	**Revers** **de la MONTAGNE - NOIRE.** *AUGEREAU,* *PAPIN,* } *Commandans.* Déroute des Espagnols sur les revers de la Montagne-Noire. Grand nombre d'ennemis tués; le reste poursuivi à la baïonnette jusque dans ses retranchemens.	Novembre. 11. 1.

ARMÉES		Vend. an 3. Nov. 1794.
MOSELLE	**RHEINFELS.** *MOREAU, Général en chef.* *VINCENT, Commandant.* Entrée des Français dans Rheinfels, évacuée par douze cents ennemis. Prise de trente-neuf bouches à feu, et de quantité de fusils et de munitions.	12. 2.
SAMBRE et MEUSE	**MAESTRICHT.** *KLEBER, Commandant.* Prise de Maestricht après onze jours de tranchée ouverte. Garnison de dix mille hommes prisonnière sur parole. Prise de trois cents cinquante-une bouches à feu, de vingt mille fusils et de quatre cents milliers de poudre.	14. 4.
NORD	**FORT DE SCHENK,** au confluent du Waal et du Rhin. *VANDAMME, Commandant.* Prise du Fort de Schenk; les Français s'en emparent, en passant dix par dix sur des barques.	16. 6.

ARMÉES	BERG-OP-ZOOM.	Brum. an 3. Nov. 1794.
NORD	**WATELETTE**, *Chef de bataillon,* *Commandant.* Sortie de la garnison de Berg-op-zoom, chargée à la baïonnette par les Français, et forcée d'y rentrer, avec perte de cent hommes tués, et de quatre-vingts faits prisonniers.	17. 7.
Idem	**NIMÈGUE.** *SOUHAM*, *Commandant.* Entrée triomphante des Français dans Nimègue. Douze cents Hollandais prisonniers de guerre; prise de cent bouches à feu.	18. 8.
Idem	**BURICK.** *MOREAU,* *VANDAMME,* } *Commandans.* Prise de Burick; ses retranchemens forcés. Cent ennemis tués; cinquante prisonniers.	19. 9.

ARMÉES		Brum. an 3. Nov. 1794.
RHIN	**MONBACH.** *MICHAUD, Général en chef.* Prise de Monbach et de tous les postes de la forêt en avant de ce village, dont l'ennemi est chassé.	22. 12.
Idem	**WEISSENAU.** *DESAIX, Général de division, Commandant.* Prise de Weissenau, après plusieurs attaques ; perte considérable du côté de l'ennemi. Quatre-vingts prisonniers.	22. 12.
PYRÉNÉES ORIENT.	**SAINT-SÉBASTIEN DE LA MOUGA, MONTAGNES et CHAPELLE DE LA MADELAINE et DE CARBOUILHE.** *DUGOMMIER, Général en chef, tué d'un coup d'obus pendant l'action.* *PERIGNON, Général.* Bataille gagnée sur les Espagnols. Enlèvement de plusieurs camps et de huit redoutes ; prise de deux drapeaux, et de tentes pour dix mille hommes. Trente bouches à feu, quinze cents fusils, douze cents prisonniers.	27. 17.

ARMÉES		Brum. an 3. / 20. Nov. 1794.
PYRÉNÉES ORIENT.	**ESCOLA, LIERS, VILARTOLY.** *PERIGNON, Général.* Bataille gagnée à Escola, Liers et Vilartoly, sur cinquante mille Espagnols mis en déroute. Enlèvement de plusieurs camps et de quatre-vingts redoutes. Deux cents bouches à feu. Neuf mille ennemis tués.	30. 20.
MOSELLE	**BLASCHEIDT, LORENTSWEILLER.** *DEBRUN, Commandant.* Défaite de douze cents hommes d'infanterie et de trois cents hommes de cavalerie, auprès de Blascheidt et de Lorentsweiller. Beaucoup d'ennemis tués et blessés; six prisonniers.	30. 20.
Idem	**FORÊT DE GRÜNWALD,** près Luxembourg. *DEBRUN,* *HUET,* } *Commandans.* *PEDUCHELLE,* Défaite de plus de quatre mille ennemis, après un combat de sept heures. Prise de trois pièces de canon et de quatre caissons. Trente ennemis faits prisonniers.	Frimaire 1. 21.

ARMÉES		Frim. an 3. Nov. 1794.
PYRÉNÉES OCCID.	## GORGES D'OSTÉS. *MARBOT, Commandant.* Victoire remportée à Ostés, après un combat de deux jours. Déroute complète de l'armée espagnole. Mille ennemis tués ou blessés; grand nombre faits prisonniers.	4. 24. 5. 25.
PYRÉNÉES ORIENT.	## FIGUIÈRES. *PERIGNON, Général.* Prise de la forteresse de Figuières, de cent soixante-onze bouches à feu, deux cents milliers de poudre. La garnison de neuf mille cinq cents hommes, prisonnière.	7. 27.
PYRÉNÉES OCCID.	## BEGARA, ASCUATIA, ASPETIA. *LAROCHE, SCHILLE, FRÉGEVILLE,* } *Commandans.* Bataille gagnée sur les Espagnols. Prise de plusieurs fonderies, de quatre drapeaux, d'un canon, cinq mille fusils, de la caisse militaire, trente-trois caissons d'argenterie et quantité de munitions. Trois cents ennemis tués; deux cents prisonniers.	8. 28.

ARMÉES		Frim. an 3. Dec. 1794.
RHIN et **MOSELLE**	**REDOUTE DE MERLIN** devant Mayence. *SAINT-CYR, Général de division,* *Commandant.* Enlèvement de la redoute dite de Merlin, devant Mayence. Prise de quatre canons, deux obusiers. Six cents ennemis tués; quatre-vingts prisonniers.	11. 1.
MOSELLE	**REDOUTES DE SALBACH,** près Mayence. *MOREAU, Général en chef.* Enlèvement de vive force des redoutes de Salbach. Prise de six pièces de canon et d'un obusier. Six cents Autrichiens tués; deux cents prisonniers.	14. 4.
NORD	**BOMMEL** et **FORT SAINT-ANDRÉ.** *DAENDELS, Commandant.* Passage du Waal; les retranchemens ennemis forcés à la baïonnette. Prise de Bommel, du Fort Saint-André et de quatre postes environnans.	Nivose 7. 27.

ARMÉES.		Nivos. an 3. Dec. 1794.
NORD	**GRAVE.** *PICHEGRU, Général en chef.* *SALME, Commandant.* Reddition de Grave. Dix-huit cents prisonniers, non compris la garnison. Cent bouches à feu ; six cents chevaux.	9. 29.
PYRÉNÉES ORIENT.	**FORT-LA-TRINITÉ** **ou BOUTON DE ROSES.** *SAURET, Commandant.* Prise du Fort-la-Trinité, de neuf bouches à feu et de quantité de munitions. Fuite nocturne de l'ennemi.	Janv. 1795. 17. 6.
NORD	**TIEL.** *DEVINTER, Commandant.* Prise de Tiel et de six forts enlevés sous le feu le plus terrible. Trois cents canons, dix-neuf drapeaux, beaucoup de munitions.	22. 11.
Idem	**HEUSDEN.** *PICHEGRU, Général en chef.* Prise d'Heusden, de cent soixante-treize pièces de canon et cent cinquante milliers de poudre. Douze cents hommes de garnison prisonniers sur parole.	24. 13.

ARMÉES		Nivôse an 3.	Janv. 1795.
NORD	**UTRECHT, AMERSFORT.** *PICHEGRU, Général en chef.* Prise d'Utrecht, d'Amersfort et des lignes de la Greb ; quatre-vingts pièces de canon. Passage du Leck.	28.	17.
Idem	**GERTRUYDENBERG.** *PICHEGRU, Général en chef.* *BONNEAU, Général de division, Commandant.* Prise de Gertruydenberg, après un bombardement de quatre jours, et enlèvement de tous ses forts. La garnison faite prisonnière sur parole.	29.	18.
Idem.	**AMSTERDAM, GORCUM, DORDRECHT.** *PICHEGRU, Général en chef.* Reddition de Gorcum, Dordrecht et Amsterdam.	Pluviôse 2.	21.
PYRÉNÉES ORIENT.	**ROSES.** *SURET, Commandant.* Prise de Roses après vingt-sept jours de siège. Reddition d'une partie de la garnison ; soixante bouches à feu. Cinq cents quarante-un prisonniers.	Février 15.	3.

ARMÉES			Pluv. an 3. Févr. 1795.
NORD	**HOLLANDE.** *PICHEGRU, Général en chef.* Invasion de toutes les Provinces-unies ; reddition de toutes les places fortes et des vaisseaux de guerre.		15. 3.
OUEST.	**Environs de NANTES.** *CANCLAUX, Général en chef.* Pacification de la Vendée.		Ventose 9. 27.

RAPPORT

SUR LA REPRISE DES VILLES

DE

LANDRECIES, LE QUESNOY, VALENCIENNES ET CONDÉ

PAR LES FRANÇAIS;

FAIT À LA CONVENTION NATIONALE,

AU NOM DU COMITÉ DE SALUT PUBLIC,

PAR

LE CITOYEN CARNOT,

le 1 Vendémiaire, l'an troisième de la République.

....

CITOYENS,

Vous avez ordonné qu'il serait fait, par votre Comité de salut public, *un rapport sur les événemens qui ont précédé, accompagné et suivi la prise de Landrecies, du Quesnoy, de Valenciennes et de Condé.* Les derniers renseignemens que nous attendions, étant arrivés, nous nous empressons de satisfaire au devoir que vous nous avez prescrit. Je vais donc tracer devant vous, au nom du Comité de salut public, l'époque la plus saillante d'une campagne, qui elle-même offre la série d'événemens militaires la plus glorieuse pour la liberté, dont il soit fait mention dans les annales des peuples.

La reprise des quatre forteresses envahies sur la frontière du Nord n'est point une victoire par elle-même ; mais elle est le résultat de trente victoires qui l'avaient précédée ; le sang que devaient coûter ces forteresses était répandu d'avance, et le bonheur des combinaisons militaires a été d'empêcher qu'il n'en fût versé de nouveau ; ça été de préparer les choses de manière que ces redoutables boulevards qui pouvaient tant coûter encore, tombassent d'eux-mêmes, fussent enlevés comme une palme digne des guerriers intrépides qui avaient juré de ressaisir de leurs mains républicaines le sol de la liberté.

Dès l'ouverture de la campagne, le Comité de salut public avait senti la nécessité de s'écarter dans le cours de cette guerre, des routes usitées : des places formidables à reprendre, appuyées d'un côté par la Sambre et la forêt de Mormal, de l'autre par la Scarpe et les bois de St. Amand, soutenues par tout ce que l'ennemi avait pu concentrer sur ce point, de forces animées par l'espoir de la contre-révolution et du pillage de la France ; voilà les obstacles qu'il fallait vaincre, avec des troupes presque toutes de nouvelle levée : ils étaient tels ces obstacles, qu'en les attaquant de front, deux ans d'une prospérité continue, une perte d'hommes incalculable, une consommation de munitions de guerre excédant tout ce qui existait dans les magasins, pouvaient à peine en faire espérer le renversement.

Le Comité de salut public résolut donc, au lieu d'attaquer l'ennemi dans la trouée qu'il avait faite, de se porter sur ses deux flancs, de le cerner, de lui couper ses communications, et de le réduire enfin à l'option ou d'abandonner le territoire envahi, ou d'y rester lui-même enfermé et d'y périr. C'est ce plan suivi avec persévérance par le Comité, exécuté avec autant d'énergie que de talens par les généraux, consommé enfin par la ténacité et le courage incomparable des soldats de la République, qui a fait crouler en un moment tout cet échafaudage de conquêtes formé par les puissances coalisées. Si l'ennemi a pénétré ce dessein, il a cru sans doute qu'on n'aurait pas la hardiesse de l'exécuter, et qu'en se portant lui-même audacieusement en deçà de la frontière, il ferait voler la terreur jusqu'à Paris ; il crut sur-tout, lorsque la trahison lui eût livré Landrecies, que la masse de nos forces allait abandonner ces postes avancés pour accourir à la défense de Cambray, que nous allions disséminer les troupes dans des camps intermédiaires, et nous laisser battre en détail, en défendant successivement les faibles barrières qui nous restaient encore. Il nous fesait charitablement suggérer ces mesures ; il les fesait appuyer par ses affidés dans Paris, qui se disaient les patriotes par excellence, qui criaient à la trahison sur ce qu'on retirait les forces du point menacé, au lieu d'y en amener de nouvelles, c'est-à-dire de ce qu'on n'exécutait pas le projet de l'Empereur. Mais au milieu de ses brillantes espérances, Cobourg nous vit lui-même tout-à-coup sur ses ailes, gagnant ses derrières, et il n'eut que le tems de se retirer au plus vite du labyrinthe où il s'était engagé.

Rappelé à la défense de ses propres foyers, et néanmoins toujours maître de nos places, fesant agir ses moyens ordinaires d'insolence, de ravage et de corruption, il espérait au moins nous faire consumer le reste de la campagne sans événement décisif, et c'eût été nous vaincre en effet, que de nous paralyser. Mais on lui préparait sur les bords de la Moselle, un rassemblement de 50 mille braves qui recevant tout-à-coup l'ordre de venir à travers les Ardennes prendre en flanc l'armée ennemie, et conduits avec autant de bonheur que de sagesse par Jourdan, rompirent bientôt l'équilibre, et fixèrent la victoire sur les bords de la Sambre et de la Meuse, pendant que Pichegru la fixait de son côté sur les bords de la Lys et de l'Escaut, contre les soldats de Georges, par six batailles sanglantes et autant de villes prises.

Ces succès répondirent tellement aux espérances du Comité de salut public, que l'arrêté par lequel il avait déterminé le plan de la campagne au commencement, a plutôt l'air d'une inspiration, que d'un projet soumis aux hazards des combats.

Immédiatement après la bataille de Fleurus, qui eut lieu le 8 messidor, les généraux reçurent l'ordre de couper sur le champ la communication des places envahies, et de les bloquer le plus exactement qu'il serait possible, en attendant qu'on fût en mesure d'en faire l'attaque.

Cette opération éprouva quelque lenteur inséparable d'un mouvement général qui avait entrainé presque toutes nos troupes à la poursuite des ennemis fuyards ; et ils en profitèrent pour s'approvisionner dans les places cernées, en ravageant le plat pays, et fesant rentrer dans leurs murs tout ce qu'ils purent trouver dans les campagnes environnantes, de bestiaux, de grains et de fourrages. Ils parvinrent ainsi à se mettre en état de soutenir dans ces places, et particulièrement dans Valenciennes et dans Condé, un siège de huit ou neuf mois.

Nos avantages demeuraient donc précaires ; un échec reçu par nous pouvait ramener l'Autrichien au point d'où nous l'avions chassé : pour recouvrer nos places par des attaques régulières, il fallait détacher des armées des troupes considérables, ce qui les affaiblissait et les réduisait à une défense périlleuse ; il fallait des munitions énormes que nous n'avions pas ; et en supposant enfin que ces places très fortes se fussent rendues après une défense médiocre, elles nous revenaient démantelées ; la frontière restait ouverte, et la campagne entière était consumée à cette opération.

Le Comité délibérant sur cette position délicate,
vit qu'il fallait sortir des règles de la prudence, et
enlever nos places, pour ainsi dire révolutionnaire-
ment et sans effusion de sang républicain. C'était
le problême ; votre décret du 16 messidor l'a résolu.
En voici le texte.

„ Toutes les troupes des puissances coalisées, ren-
„ fermées dans les places du territoire français enva-
„ hies par l'ennemi sur la frontière du Nord, et qui ne
„ se seront pas rendues à discrétion, 24 heures après
„ la sommation qui leur en sera faite par les géné-
„ raux des armées de la République, ne seront
„ admises à aucune capitulation, et seront passées
„ au fil de l'épée. »

Le but de ce décret était, en frappant l'ennemi
de terreur, de l'obliger à se dessaisir sur le champ
de nos possessions, où, vu l'éloignement et l'abandon
de ses armées, il ne pouvait plus se regarder que
comme un voleur détaché de sa bande et enveloppé;
d'épargner les troupes, les travaux, le tems, les
munitions, et de faire restituer à la vaillance et à
la fierté républicaine, ce que lui avaient enlevé
l'infamie des esclaves et la lâcheté de leur maître.

Cette loi néanmoins eût pu devenir une arme

terrible contre nous-mêmes, en des mains impures ou mal adroites. Maniée avec dextérité, elle devait foudroyer les dernières espérances de l'ennemi; gauchement exécutée, elle pouvait le porter au désespoir et augmenter sa résistance.

Mais la grande latitude que vous aviez laissée à votre Comité sur le mode d'exécution des mesures militaires, lui laissait la faculté de diriger l'effet de celle-ci. Il savait que ce n'était point un décret de carnage que vous aviez voulu rendre, mais un décret pour sauver la patrie; et sous ce rapport, sous celui de la dignité nationale, sous celui du brisement de la coalition, jamais décret n'obtint une exécution plus ponctuelle et un succès plus entier. En moins de six décades, les quatre places ont été rendues; qui, attaquées par les règles ordinaires, eussent résisté au moins huit mois, qui pendant tout ce tems paralysaient vos armées, qui fesaient tomber sous les coups ennemis quinze mille Républicains, qui nous forçaient à détruire nos propres défenses, à faire consommer tous les magasins du dedans de ces places, à épuiser tous ceux du dehors.

Elles vous ont été rendues avec six cents bouches

à feu de bronze, leurs attirails et plusieurs milliers de poudre, réparées avec le plus grand soin, et beaucoup plus fortes que lorsque nous les avions perdues.

Dans la seule place de Valenciennes, l'Empereur avait fait en perfectionnement de fortifications, une dépense de trois millions de florins, c'est-à-dire à-peu-près six millions cinq cents mille livres de notre monnaie.

Je passe au détail des faits principaux.

La bataille de Fleurus fut gagnée le 8 messidor, et dès le 15, Landrecies fut investi par un corps de 14 à 15 mille hommes, mis d'abord aux ordres du général Jacob; mais peu exercé à ce genre d'opérations, ce général quitta le commandement qui fut confié au général de division Scherer.

La tranchée fut ouverte dans la nuit du 22 au 23, l'artillerie commandée par le général Bonnard, et les attaques dirigées par l'ingénieur Marescot, le même qui avait déjà conduit celles du Port de la Montagne et de Charles-sur-Sambre. Ces trois officiers supérieurs, d'une réputation faite, ont suivi jusqu'à la fin les opérations de la reprise des quatre places.

Les travaux furent menés avec adresse et rapidité ;
la première parallèle fut supprimée , la seconde
portée à 150 toises du chemin-couvert ; le 28 , les
batteries furent en état d'en imposer au canon de
la place , et la garnison sommée conformément au
décret du 16 messidor , se rendit à discrétion le 29 ,
à deux heures du matin ; elle était de quinze cents
hommes , et la place n'était point endommagée.

Le Comité de salut public vous a déjà fait sur ce
siège un rapport , où il a été parlé du dévouement
des gardes nationales d'Avesnes et de Maubeuge.
Vous avez su que ces gardes nationales s'étaient
rendues spontanément sous la conduite de leurs
autorités constituées, devant les murs de la place
investie , où elles donnèrent l'exemple constant du
courage et de la discipline. Vous avez justement
applaudi à leur civisme , et vous n'avez pas appris
avec moins d'enthousiasme l'intrépidité des jeunes
gens au dessous de la première réquisition, accourus
de toutes les communes environnantes, pour délivrer
leurs frères de Landrecies , ces généreux frères,
qui lors de l'attaque de cette place par les ennemis,
avaient opposé à la trahison et à la lâcheté de la
majeure partie d'une garnison de huit mille hommes,

une bravoure et une fidélité républicaine, que les femmes mêmes avaient partagées, et qui seules auraient sauvé la place, si leur énergie n'eût été enchaînée par cette indigne troupe, punie aujourd'hui de son crime par une captivité que le témoignage d'une bonne conscience n'adoucit point, et que le remords doit rendre plus pénible.

Votre Comité néanmoins se fait un devoir de déclarer, que plusieurs des corps militaires de cette garnison étaient bien loin de partager l'infamie de cette conduite. Nous citerons sur-tout le quatrième bataillon du département de la Meuse, qui s'opposa autant qu'il le put, à la honte d'une semblable capitulation : une compagnie de canonniers qui s'était formée dans cette commune, a également montré le plus grand courage et le zèle le plus soutenu. La plupart de ces canonniers étaient employés à un bastion dit *du Moulin*, lorsque l'explosion du magasin à poudre en fit sauter plusieurs, parmi lesquels se trouvait le citoyen Landas. Ses père et mère en apprenant sa perte, y répondirent par ces paroles : „Que ne pouvons„nous le remplacer par un autre qui venge sa „mort sur les tyrans!„

Nous avons déja dit, que pendant cette première attaque faite par les ennemis, les citoyennes avaient donné l'exemple du dévouement et de la fermeté: elles relevaient les blessés et les portaient sur des matelas et dans leurs bras, sous des blindages; elles pansaient leurs blessures, et plusieurs furent blessées elles-mêmes.

La citoyenne Grumiau, fille d'un officier municipal, plus forte que ses compagnes, les portait seule à l'hôpital à travers le feu des assiégeans; et cette fille avait eu un frère tué à ses côtés.

A la reprise que nous avons faite de cette place, elle n'a tenu que six jours de tranchée ouverte : peut-être néanmoins ce tems court eût pu encore être abrégé, en notifiant le décret du 16 messidor avant l'ouverture des travaux; mais les généraux crurent qu'une sommation aussi menaçante pourrait manquer son effet, si elle n'était appuyée par des batteries toutes préparées et par un commencement d'opérations capables d'en imposer.

Le Comité de salut public avait cependant écrit, dès le 23, qu'il trouvait à propos que le décret fût notifié sur le champ; et le lendemain 24, il avait écrit une seconde lettre plus pressante, pour qu'

les quatre places cernées fussent toutes sommées le
même jour et à la même heure.

Le Comité de salut public a constamment insisté
sur cette mesure de faire sommer les quatre places
à la fois. Les représentans du peuple près l'armée
et les généraux, plus à portée que nous d'apprécier
les circonstances, ont craint que cette mesure ne
fût téméraire, et qu'elle ne déterminât, de la part
de l'ennemi, une défense plus opiniâtre.

Ce ne fut qu'après la reddition du Quesnoy que
le Comité, voyant la saison s'écouler, et que les
deux plus fortes places restaient encore aux mains
de l'ennemi, ordonna impérieusement que le décret
du 16 messidor fût signifié à l'instant à la garnison
de Valenciennes, et immédiatement après à celle
de Condé. C'est ce parti vigoureux qui a fait
rendre ces deux dernières places sans coup férir,
quoique incomparablement plus fortes, infiniment
mieux approvisionnées, et quoique nos moyens de
siège fussent presque entièrement épuisés par l'attaque des deux premières.

Quoiqu'il en soit, on ne peut blâmer les motifs
qui ont déterminé à une circonspection qui nous a
paru trop grande, et nous devons cette justice

rigoureuse aux chefs qui ont dirigé l'expédition,
comme aux braves soldats qui l'ont exécutée, qu'on
ne sauroit trop louer leur activité, leur courage et
leurs talens.

Landrecies rendu, l'armée assiégeante marcha
sur le Quesnoy, et dès le surlendemain, 1er thermidor, cette place fut investie; la tranchée fut
ouverte dans la nuit du 6 au 7, et la garnison se
rendit le 28 à discrétion, après vingt-un jours de
tranchée ouverte.

En rigueur, cette garnison devait être passée au
fil de l'épée, d'après le texte littéral de la loi du
16 messidor.

Le commandant, en effet, avait été sommé,
d'une manière très énergique, dès le 16 thermidor,
par le général Scherer; et il avait répondu par un
refus formel, ajoutant que le décret paraissait
injuste, et qu'une Nation n'avait pas le droit de
décréter le deshonneur d'une autre.

Cependant le 24, ce même commandant envoya,
pour parlementer, deux officiers et un tambour au
général Scherer qui les renvoya sans vouloir les
entendre.

Le lendemain, il envoya de nouveau sa soumission.

profonde, l'offre de se rendre à discrétion et une déclaration de laquelle il résulte qu'il a tu à la garnison et aux citoyens le décret qui lui avait été notifié; il exposa que peu instruit des institutions de la République Française, il avoit regardé ce décret comme une simple sommation accompagnée des menaces ordinaires en pareil cas, et qui n'ont communément aucune suite facheuse pour des hommes qui ont rempli leur devoir; qu'au reste, lui et les autres chefs de la garnison se dévouaient d'eux-mêmes à la mort, pour sauver les militaires et les citoyens qui n'avaient eu aucune connaissance du décret de la Convention.

Le général Scherer fit aussitôt partir un courier, pour prendre les ordres du Comité de salut public, qui jugea que l'esprit de la loi n'avait pu être de frapper les individus qui ne pouvaient être coupables que d'ignorance; il ordonna en conséquence qu'on recevrait la place à discrétion, sauf à informer ensuite, pour faire la distinction de ceux qui avaient eu connaissance du décret et y avaient fait opposition, de ceux dont il était ignoré, et prononcer sur les premiers, suivant toute la rigueur du décret.

La place se rendit le 28, conformément à cette disposition.

Le représentant du peuple Duquesnoy, qui avait suivi les opérations du siège, prit les mesures qu'il jugea nécessaires pour faire arrêter les coupables, et les fit traduire au tribunal criminel du département du Nord.

Il fit de plus insérer dans les articles de la reddition de la place, que le lieutenant-colonel Autrichien Rousseau, accompagnerait l'adjudant-général Français Barbou, chargé de sommer la garnison de Valenciennes, afin de notifier au commandant de cette dernière, que la garnison du Quesnoy n'avait obtenu la vie qu'en se rendant à la merci de la Nation Française, et parce que les chefs avaient offert de payer de leurs têtes, la résistance qu'ils avaient opposée aux décrets de la Convention.

La trahison de quelques scélérats avait sans doute contribué à la perte de cette place; mais la très grande majorité des citoyens avait au contraire montré pendant le bombardement beaucoup de courage et d'attachement à la République. Il s'était formé dans cette commune, comme dans celle de Landrecies, une compagnie de canonniers qui avait fait son service avec zèle ; et malgré les intrigues et la lâcheté d'une partie des individus qui étaient chargés de la défendre, la place ne s'était rendue qu'après la destruction de toutes ses batteries et de la presque totalité de ses moyens de défense.

A la rentrée des troupes françaises dans cette place, il y avait une garnison ennemie de 2800 hommes qui ont été faits prisonniers de guerre ; il y avait 120 bouches à feu, et les revêtemens des remparts n'étaient pas entamés. Notre artillerie était en partie démontée, et partie hors de service, par l'évasement des lumières ; l'armée assiégeante était foible, les tranchées fréquemment remplies d'eau, l'arrière-saison approchait ; nous avions encore deux places à reprendre, les plus importantes, les plus fortes, les mieux approvisionnées ; nos armées étaient paralysées depuis deux mois, et il eût été trop dangereux de hazarder une action décisive, aussi long-tems que l'ennemi occupait des points d'appui sur notre territoire. La situation des affaires parut même assez inquiétante à notre collègue Duquesnoy, qui se trouvait à l'armée, pour le déterminer à nous demander, s'il ne serait pas possible de revenir sur le décret du 16 messidor.

Mais le Comité pensa que ç'eût été tout perdre; qu'un pas rétrograde semblable eût été aux yeux des ennemis un signe de faiblesse indubitable, que c'eût été l'enhardir et le rendre plus obstiné dans sa défense; et qu'enfin, au lieu d'épargner les soldats, ç'eût été nous exposer au contraire à une perte beaucoup plus considérable. Le Comité invita donc le représentant Duquesnoy à maintenir les dispositions dont nous venons de vous faire part, ce qu'il fit avec beaucoup de fermeté et de succès.

Cette importante opération terminée, nous dûmes nous occuper de l'attaque de Valenciennes. La résistance de cette forteresse du premier ordre, muniée pour huit ou neuf mois, pouvait devenir si terrible et si longue, que notre même collègue Duquesnoy nous écrivit le 2 fructidor, en ces termes.

» Supposez avec moi que la place de Valenciennes
» s'obstine à se défendre et se détermine à braver
» la mort, ce siège alors deviendrait terrible; nous
» y perdrions beaucoup de monde, notre artillerie
» s'y abimerait, et nous serions obligés d'y con-
» sommer des munitions immenses. Dans ce cas,
» ne seroit-il pas plus avantageux pour la Répu-
» blique, de tenir cette forteresse bloquée, en se

» fortifiant vigoureusement autour d'elle. Cette
» conduite rendrait disponible notre armée qui se
» porterait, selon vos ordres, sur les points que
» vous lui indiqueriez. "

Scherer, de son côté, chargé des opérations du
siège, demandait qu'on ne l'obligeât point à notifier
le décret du 16 messidor à la garnison ennemie,
avant d'avoir établi ses batteries et poussé ses
travaux assez loin pour en imposer à la place, et
l'obliger de se rendre à discrétion.

Mais ces propositions ne pouvaient satisfaire l'impatience du Comité, celle de toute la France qui
aspirait au moment de voir enfin le territoire de la
République délivré de ses plus cruels usurpateurs.
Le Comité préscrivit donc impérieusement que sans
aucun délai, et sans aucuns travaux préliminaires,
la place de Valenciennes serait sommée, conformément à la teneur du décret. Il fut recommandé
en même tems au général de donner la plus grande
publicité possible à cette notification, afin que les
citoyens et les militaires ne pussent alléguer, comme
au Quesnoy, leur ignorance de ce décret.

Le commandant de la place satisfit à la sommation dans les vingt-quatre heures ; mais il demanda

qu'on voulût bien imposer des conditions moins dures et moins deshonorantes pour sa garnison ; il demanda pour elle la liberté de se retirer hors du territoire de la République, sous serment de ne plus servir contre elle jusqu'à échange.

Le Comité de salut public fut consulté sur ces demandes ; elles furent agréées avec quelques modifications. L'arrêté en fut pris, le 8 fructidor, par le Comité de salut public, après la plus mûre délibération, à l'unanimité des douze membres qui composaient alors ce Comité.

La loi du 16 messidor ordonnait de mettre à mort les ennemis qui, passé vingt-quatre heures de la notification de cette loi, se refuseraient aux conditions qui leur seraient imposées ; mais elle ne nous défendait pas à nous-mêmes de leur accorder pendant ces vingt-quatre heures, des conditions tolérables. Il fallait que leur sort dépendît de la générosité française ; mais la générosité ne nous était point interdite, et vous n'aviez pas sans doute voulu effacer, par un décret de circonstance, le plus beau trait du caractère national. L'efficacité même de ce décret consistait précisément dans la faculté que vous laissiez à votre Comité, d'être tantôt terrible et tantôt généreux.

Il n'appartenait qu'à un Robespierre de murmurer, lorsque nous avions le bonheur d'enlever quelque place aux ennemis, sans le carnage de nos frères d'armes ; une conquête ne pouvait lui plaire, si elle n'était ensanglantée. Lorsque nous reçumes le courier qui nous apportait la nouvelle de la prise de Nieuport : « *A-t-on*, dit Robespierre, *massacré la garnison ?* On a tué, répondit-on, tous les » émigrés, le reste est prisonnier ; on ne pouvait » passer la garnison au fil de l'épée, sans emporter » la place d'assaut, ce qui nous aurait coûté six » mille hommes. *Eh ! qu'importe six mille hommes*, » dit Robespierre, *lorsqu'il s'agit d'un principe ! Je* » *regarde, moi, la prise de Nieuport comme un grand* » *malheur !* »

Or, qui était cet homme à principes ? celui qui n'en connaissait aucun ; celui qui entrait en fureur, quand on opposait les loix à ses volontés ; celui pour qui la prospérité de nos armes était une torture continuelle, chaque succès un coup de poignard. Robespierre ne voulait point signer les ordres du Comité relatifs aux opérations militaires ; il se

ménageait ainsi la faculté de dire, en cas de
revers, qu'il s'était opposé aux mesures prises.
Il est constant que, depuis trois mois, il attendait
une défaite avec la même soif que ses collègues
avaient pour la victoire, afin de pouvoir les attaquer
dans la Convention; que l'aveu lui en est échappé
plusieurs fois au Comité, et qu'il n'a éclaté enfin
dans son discours séditieux du 8 thermidor; que
parce qu'il désespéra d'en trouver l'occasion, et
qu'il voyait tomber sur lui-même la foudre qu'il
voulait attirer sur ceux dont la droiture et le zèle
assidu étaient sa condamnation.

Mais laissons ce monstre, pour revenir à notre
objet. Autorisés à tempérer la rigueur des conditions que nous pouvions imposer aux ennemis, et
pressés par là nécessité de recouvrer au plutôt les
deux places qui restaient envahies, le Comité de
salut public jugea convenable, en fesant sommer
la garnison de Valenciennes, de la faire prévenir
par le général Scherer, qu'on lui laisserait les
honneurs de la guerre; que cependant elle rendrait
ses armes, et demeurerait prisonnière hors du
territoire de la République, et sous serment de ne
point servir contre elle jusqu'à son échange.

Ce procédé qui ne nuisait en aucun sens aux intérêts de la Nation française, détermina sans doute la prompte soumission de la garnison ennemie; et cette soumission fut tout à la fois une preuve de la justesse du décret du 16 messidor, et un hommage rendu à la fierté et à la générosité républicaine. Ce sont les rois nos ennemis, que nous voulons humilier, et non des automates déja assez malheureux de servir sous de pareils maîtres.

La place se rendit le 10 fructidor, avec les magasins immenses dont elle était devenue l'entrepôt, depuis qu'elle était au pouvoir des ennemis. On y a trouvé 227 pièces de canon, et fait 4500 prisonniers qui, en vertu des conditions, ont été renvoyés chez eux sous serment de ne point servir contre la République jusqu'à leur échange.

Parmi les traits héroïques sans nombre qui ont signalé les troupes françaises dans le cours de ces opérations, et qui seront rendus publics, il en est un que nous ne croyons pouvoir nous dispenser de citer dès ce moment. Duquesne, chasseur dans la 3ᵉ compagnie du 5ᵉ bataillon d'infanterie légère, ayant vu la jambe droite fracassée d'un coup de boulet sous les murs de Valenciennes, et les chirurgiens étant près d'en faire l'amputation, Duquesne éloigne ses camarades qui s'empressaient de le secourir, et les engage de retourner à leurs postes. Resté seul avec l'officier de santé, il l'aide et tient lui-même ses bandages ; et l'opération achevée, Duquesne dit : *Ce n'est pas ma jambe que je regrette, c'est de me trouver en ce moment dans l'impuissance d'aller avec mes camarades délivrer Valenciennes.*

Nous ne vous parlerons pas des faits relatifs à la reddition de cette place lors du siège qu'en firent les ennemis. Ils vous sont connus par le rapport de nos collègues, Cochon et Briez ; et tous les renseignemens recueillis à cet égard depuis sa reprise, n'ont fait que confirmer l'exactitude rigoureuse de leur récit.

Enfin, la place de Condé qui par ses inondations n'est guères moins forte que Valenciennes, se rendit aux mêmes conditions, à la notification du décret du 16 messidor.

La nouvelle vous en parvint par le télégraphe, le 13 fructidor, jour de sa reddition, et le même jour on y apprit, aux acclamations du peuple délivré de sa captivité et rendu à ses frères, que vous veniez de consacrer cette grande époque de l'évacuation du

la frontière du Nord, en substituant le nom de
Nord-Libre à celui de Condé.

Sous la protection des feux de cette dernière
place, dans les canaux qui y aboutissent, ont été
trouvés 188 bâtimens de commerce, dont une
vingtaine richement chargée de munitions de guerre
et de bouche, et d'effets militaires en tous genres.

Si au lieu de commencer par Landrecies, on eût
d'abord attaqué Valenciennes, peut-être la chûte de
ce boulevard eût entrainé celle de tous les autres
de moindre importance ; mais les circonstances
déterminèrent Pichegru et Jourdan à se partager
l'expédition. Jourdan fut chargé de reprendre
Landrecies et le Quesnoy ; Pichegru se chargea de
Valenciennes et de Condé ; mais celui-ci retenu par
la nécessité de resserrer les ennemis, et de se
rendre maître du fort de l'Écluse, dans la Flandre
hollandaise, ne put exécuter son projet sur Valenciennes et Nord-Libre.

C'est la division de Scherer, aux ordres de
Jourdan, qui a repris successivement les quatre
places envahies, et ce général a dû commencer
par celles dont l'attaque lui était dévolue, au lieu
de se porter de suite sur Valenciennes, comme il

l'aurait fait sans doute , si l'on eût prévu d'abord
que l'armée du Nord, aux ordres de Pichegru ,
serait arrêtée par d'autres expéditions non moins
importantes.

Ainsi se sont évanouies les chimériques espérances de nos ennemis : cet événement mémorable
leur apprendra sans doute ce qu'ils auraient
déja du savoir par l'expérience de tant de guerres
anciennes , c'est que la France ne peut jamais rien
avoir à craindre de ses ennemis du dehors , c'est
que si l'Europe entière , par la réunion de ses
efforts, par tous ceux du machiavélisme et de la
corruption , peut parvenir à entamer quelque peu
ses frontières, ces succès éphémères finiront toujours
par tourner à la honte des aggresseurs , et à la
gloire du nom français.

La loi avait prononcé sur le sort des émigrés ,
et quant aux traîtres qui avaient contribué à livrer
les places , ou accepté de la cour impériale des
fonctions civiles ou judiciaires , les représentans du
peuple les ont fait mettre sur le champ en arresta-
tion et traduire au tribunal criminel du département
du Nord , pour être jugés, conformément à la loi
du 26 frimaire. Ils se sont empressés en même

tems de donner des marques de sensibilité et de reconnaissance à ceux qui avaient refusé de courber la tête sous le joug du despote, et repoussé ses caresses perfides.

Il s'en est trouvé de ces cœurs fidèles à la République qui sont restés purs au milieu de la corruption, et libres au milieu des fers. Ce n'est point parmi ceux qui fesaient grand bruit de leur patriotisme, lorsque l'ennemi était bien loin, et qui se sont humiliés devant lui, lorsqu'ils ont été en sa puissance, mais parmi des citoyens simples et sans ostentation. Ceux-là traînaient le char de l'Empereur dans les rues de Valenciennes, tandis que ceux-ci bravaient les menaces de ses soldats, et que des femmes modestes refusaient courageusement de balayer les rues par lesquelles il devait passer.

Les représentans du peuple ont pris aussi les mesures les plus efficaces pour la sureté des recoltes des riches contrées que nous avons reconquises, pour remettre en activité l'exploitation des importantes mines de charbon d'Anzin, pour rétablir les manufactures de batistes et de mousselines, pour que la levée de la jeunesse de première réquisition s'exécutât sans délai ; et enfin pour la réorganisation des autorités constituées.

Voilà, Citoyens, ce qu'ont fait les défenseurs de la patrie pour la délivrer de ses cruels ennemis ; voilà ce qu'ils fesaient au nom de la liberté, au nom de la République, au cri mille fois répété de *vive la Convention Nationale*. Ce cri de ralliement les rendait invincibles. Oui, Citoyens, la France a des armées de héros : toujours ceux qui combattront pour la défense de leurs foyers et de leurs droits sacrés, renverseront les esclaves, comme un vent impétueux enlève et roule un tourbillon de poussière.

On a vu ces jeunes guerriers étonner les bandes germaniques par leur audace et par leur discipline ; on les a vus surpasser en constance tout ce que l'histoire rapporte des phalanges grecques et des légions romaines. Et sur quoi étaient fondées ces vertus sublimes de nos frères d'armes sortant de leurs charrues, quels étaient les liens de cette discipline étonnante ? Citoyens, ces vertus, c'est l'amour seul de la patrie ; cette discipline, c'est la confiance et la fraternité.

Oh ! si la même énergie, le même ensemble

étaient déployés contre les ennemis de l'intérieur, combien la République serait prospère, comme on verrait se rouvrir à l'instant les sources de la félicité nationale. Eh! qui donc en empêcherait? Seraient-ce quelques factions obscures, quelques hommes avides d'or, de sang ou de pouvoir? Non, le peuple veut que les viles passions disparaissent.

Prononcez donc, dépositaires de sa puissance; déclarez que vous la conserverez dans toute sa plénitude, que vous ne souffrirez jamais que ce dépôt sacré soit violé, que vous ne permettrez pas qu'aucune partie de ce qui a été confié à votre garde par le peuple tout entier, soit usurpé par aucune fraction du peuple.

Soyez seuls sa boussole, son point de ralliement. Il n'est qu'une ligne droite dans la nature, il en est mille de tortueuses; il n'est qu'un moyen d'être pur, il en est mille d'être pervers. Sauvez le peuple et de ses faux amis et de ses ennemis déclarés; sauvez votre dignité qui lui appartient; proscrivez à jamais de votre sein ces honteuses dénonciations qui déchirent les entrailles de la patrie; punissez le crime, et le crime seul; portez la sécurité dans le cœur de l'homme simple et dans l'asile du malheureux ; que le génie de l'égalité ranime l'émulation , et que l'amour du travail et de l'économie fasse revivre l'agriculture et les arts.

Nous vous avons parlé des armées de terre ; que vos armées navales fixent maintenant votre plus grande sollicitude ! Il vous appartient d'affranchir un autre élément. Faites pour la marine ce que vous avez fait pour le continent ; tournez vers elle tous vos moyens révolutionnaires : point de domination sur mer ! qu'elle devienne une grande route ouverte à toutes les Nations ! toutes, excepté une, y ont le même intérêt que vous. Que celle qui veut subjuguer toutes les autres, soit subjuguée elle-même, si elle ne peut-être contenue. Que l'Europe s'éclaire, et que de tous les points des deux mondes parte ce cri unanime : *la liberté des mers !*

TABLE ALPHABÉTIQUE

DES NOMS DE LIEUX.

A.

C.

M.

TABLE ALPHABÉTIQUE
DES GÉNÉRAUX.